음악으로 만나는 독도

영남대학교 독도연구소 자료총서 8

음악으로 만나는 독도

초판 1쇄 발행   2019년 6월 30일

편   자 ㅣ 박정련
발행인 ㅣ 윤관백
발행처 ㅣ 도서출판 **선인**

등록 ㅣ 제5-77호(1998.11.4)
주소 ㅣ 서울시 마포구 마포대로 4다길 4 곳마루 B/D 1층
전화 ㅣ 02)718-6252 / 6257   팩스 ㅣ 02)718-6253
E-mail ㅣ sunin72@chol.com
Homepage ㅣ www.suninbook.com

정가   27,000원
ISBN   979-11-6068-282-3   94910
       978-89-5933-697-5 (세트)

영남대학교 독도연구소
자료총서 8

음악으로 만나는 독도

독도관련 앨범 및 노래 가사 자료집

박정련 편

머리말

　음악의 여러 장르 중에서 인간의 감정을 가장 잘 전달할 수 있
는 것은 '노래'이다. 노래는 무궁무진한 인간의 감정을 주제화하는
데, 이번 영남대 독도연구소 자료총서 중 8번째인『음악으로 만나
는 독도』는 바로 '독도'와 '노래'가 만나 만들어진 노래자료집이다.
　그간 영남대 독도연구소에서는 독도(獨島)가 대한민국의 고유
영토라는 당위성을 밝히는 많은 자료들을 발굴하여 그 객관성을
제시해 왔는데, 이제는 나아가 대한민국 국민들의 마음에 새겨진
'독도'에 대한 감정을 노래에서 찾아 그 정서와 주관성을 살피는
데까지 이르게 되었다. 그러므로『음악으로 만나는 독도』는 영토
의 주인들이 부르는 가장 자연스럽고, 가장 준엄하며, 가장 파급력
이 큰 조용한 외침을 모은 자료집이다.
　『음악으로 만나는 독도』의 구성은 1960년대부터 2019년 5월까
지 독도관련 노래가 실린 음반과 가사를 정리해 놓았다. 자료내용
의 순서는 가장 최근의 년도를 시작으로 하위 년도 순(2019년 5월
~1960년대)으로 정리하였고, 노래마다 고유번호를 적어놓았는데,
총 803곡이다. 여기에는 각 음반에 공통된 노래들도 포함된다.
　대한민국에서 독도에 대한 인식의 민감도는 2005년 일본의 '다
케시마의 날' 제정을 기점으로 큰 변화를 보이고 있다. 이는 노래

에서도 확실하게 나타나는 현상이다. 이 자료집에서 공통된 노래를 포함하여 음반에서 불려진 총 803곡 중에 1960년대~2004년대까지는 53곡, 2005년~2019년 5월까지 무려 750곡이 수록된 것으로 보면 93%가 2005년 이후에 불린 것이다. 그 대상들도 남녀노소를 불문하고 있으며, 특히 성인들의 노래보다는 유아들의 옴니버스 형식의 음반에 '독도는 우리땅'이 가장 많이 수록되어 있음을 알 수 있다.

더불어 이 자료집의 말미에는 주제색인이 있다. 이 주제색인은 '주항목(부항목 : 부부항목), 고유번호'로 구성되어 있어 항목간의 연관성을 이해하고 자료를 찾는 데 조금이나마 도움이 될 것이다. 또한 영남대 독도연구소의『음악으로 만나는 독도』자료집을 통해 우리 국민의 독도에 대한 정감적 인식과 더불어 유·아동의 노래를 통한 독도교육의 자연스러운 상황도 확인하는데 도움이 될 것이다.

이 자료집을 출판하는 데 도움을 주신 도서출판 선인의 관계자분들께 감사를 드리며, 영남대 독도연구소 소장님과 여러 연구교수님들의 관심과 도움에 깊이 감사를 전합니다.

2019년 6월 20일
박정련

〈일러두기〉

◆ 이 자료집은 2019년 5월부터 하위 년도, 월, 일의 순서로 정리하였다.

◆ 노래마다 좌측 상단에 고유번호를 기재하였다.

◆ 가장 많이 불려진 「독도는 우리땅」은 처음에만 가사를 수록하였고, 차후 제목만 제시하였다. 단 가사를 바꾸어 부른 경우에는 가사를 소개하였다.

> 예) 원래의 가사에 "하와이는 미국땅 대마도는 일본땅"이 2003년 11월 19일 음반(699)의 가사에는 "조어도는 중국땅 쿠릴열도 러시아"로 되어있음. 이는 그 가사를 소개하였음.

◆ 독도 관련 음반과 노래가사에 대해서는 "아티스트, 장르, 발매일 순서로 소개하였다.

◆ 이 자료집의 색인은 "주항목(부항목 : 부부항목) 앨범번호순"으로 정리하였다. 예를 들어 "「아! 우리 독도여」(영남대학교독도연구소 : 2017) 175."에서 「아! 우리 독도여」는 주항목이고, 영남대학교독도연구소는 부항목, 2017년은 부부항목이며 175는 앨범번호를 가리킨다. 즉 「아! 우리 독도여」라는 노래는 영남대학교독도연구소에서 2017년에 발매하였고, 이는 자료집 175에 그 가사와 함께 소개한 것을 나타낸다.

◆ 노래는 「　」로 표시하였음.

◆ 주제색인에서 [:]는 부항목과 부부항목의 관계를 나타낸 것이고, [;]은 새로운 항목의 변화를 표시한 것이다. 예를 들어

> 최영섭(「아! 우리 독도여」 : 영남대학교독도연구소) 176 ; (「독도는 외롭지 않다」 : 영남대학교독도연구소) 177.

에서 최영섭은 「아! 우리 독도여」와 「독도는 외롭지 않다」의 곡과 관련 있으며, 두 곡명 사이에 [;]으로 표시하였다.

목 차

시대별 독도관련
앨범 순서 및
노래가사

1. 2019년(5월~1월) 앨범 및 가사

1

독도는 우리땅

아티스트: 크레용 키즈 싱어즈
장   르: 동요
발 매 일: 2019.5.9.

울릉도 동남쪽 뱃길 따라 이 백리
외로운 섬 하나 새들의 고향
그 누가 아무리 자기네 땅이라고 우겨도 독도는 우리 땅

경상북도 울릉군 울릉읍 독도리
동경 백삼십이 북위 삼십칠
평균기온 십이도 강수량은 천삼백 독도는 우리 땅

오징어 꼴뚜기 대구 명태 거북이
연어알 물새알 해녀 대합실
십칠만 평방미터 우물하나 분화구 독도는 우리 땅

지증왕 십 삼년 섬나라 우산국
세종실록지리지 오십 쪽 셋째 줄
하와이는 미국 땅 대마도는 몰라도 독도는 우리 땅

러일전쟁 직후에 임자 없는 섬이라고
억지로 우기면 정말 곤란해
신라장군 이사부 지하에서 웃는다, 독도는 우리 땅

울릉도 동남쪽 뱃길 따라 이 백리
외로운 섬 하나 새들의 고향
그 누가 아무리 자기네 땅이라고 우겨도 독도는 우리 땅

2  독도는 우리땅

아티스트: 엘키즈 동요
장   르: 동요
발 매 일: 2019.4.19.

3  독도는 우리땅

아티스트: Various Artists
장   르: 동요
발 매 일: 2019.4.17

4 독도는 우리땅

아티스트: Various Artists
장   르: 동요
발 매 일: 2019.4.17.

5  **독도는 우리땅**

아티스트: Various Artists
장　　르: 동요
발 매 일: 2019.4.17

6  **우리의 독도, 아픈 사랑이여**

아티스트: 이미경
장　　르: 가곡
발 매 일: 2019.4.10.

　1. 동해의 끝자락 아슴한 수평선에
　　독도는 강건한 수직의 등뼈여라
　　화산폭발의 불길에서 태어나
　　수백만년 미리부터 이 나라 기다렸다

　　아 우리의 독도 아 우리의 독도 독도
　　이리 늦게 고백하는 아픈 사랑이여

　2. 번개와 폭풍우 사철 사나운 파도
　　독도는 인내와 극복을 일깨운다
　　불굴의 의지와 자존의 표상으로
　　수백만년 훗날까지 이 겨레 지켜주리

　　아 우리의 독도 대한민국의 유구한 축복
　　이리 늦게 고백하는 아픈 사랑이여

7  독도는 우리땅

아티스트: 엘키즈 동요
장   르: 동요
발 매 일: 2019.3.13.

8  독도는 우리땅

아티스트: 엘키즈 동요
장   르: 동요
발 매 일: 2019.3.8

9  독도는 우리땅

아티스트: 드림키즈싱어즈
장   르: 동요
발 매 일: 2019.3.7.

10  독도는 우리땅

아티스트: Various Artist
장   르: 동요
발 매 일: 2019.2.26.

11

독도는 우리땅

아티스트
장　　　르: 동요
발 매 일: 2019.2.25.

12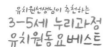

독도는 우리땅

아티스트: 엘키즈 동요
장　　　르: 동요
발 매 일: 2019.2.19.

13

독도는 우리땅

아티스트: 엘키즈 동요
장　　　르: 동요
발 매 일: 2019.2.18.

14

독도는 우리땅

아티스트: 동요
장　　　르: 동요
발 매 일: 2019.2.1.

15 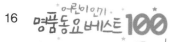 독도는 우리땅

아티스트: 엘키즈 동요
장   르: 동요
발 매 일: 2019.1.25.

16  독도는 우리땅

아티스트: 엘키즈 동요
장   르: 동요
발 매 일: 2019.1.22.

17  독도

아티스트: 입술대마왕
장   르: 동요
발 매 일: 2019.1.21.

울릉도 동남쪽 뱃길따라 이백리
울릉도 동남쪽 뱃길따라 이백리
경상북도 울릉군
울릉읍 독도리 안용복길3
경상북도 울릉군
울릉읍 독도리 안용복길3
북위 37도 14분 26.8초

날씨가 맑으면 가히 바라볼 수 있다
신라 때는 우산국 또는
울릉도라고도 했는데
지방은 100리다
날씨가 맑으면 가히
바라볼 수 있다
날씨가 맑으면 가히
바라볼 수 있다

동경 131도 52분 10.4초
북위 37도 14분 30.6초
동경 131도 51분 54.6초
6세기 512년 6월 삼국사기
이사부 서라벌경주
지증왕의 명령
하슬라주강릉
군주 이사부는 지금
당장 우산국을 정벌하라
우산도 울릉도 우릉도
무릉도 유산국도
우산도 울릉도 우릉도
무릉도 유산국도
1454년 세종실록 지리지
우산과 무릉 두섬은 울진현의
정동쪽 바다 가운데에 있다
두섬이 서로 거리가 멀지않아
태정관 지령문
다케시마 외 1개의 섬은
일본과 아무 관계가 없는 것이니
명심하도록 하라
기죽도약도 명심하도록 하라
명심하도록 하라
5쪽 외 1개의 섬을
마쓰시마라고 한다
1870년 메이지 정부 울릉도
독도 두 섬이 조선에 부속된 섬
조선의 부속된 섬 조선의
울릉도 동남쪽 뱃길따라 이백리
울릉도 동남쪽 뱃길따라 이백리
울릉도로 이주한 사람들이
돌이 많은 섬이라
부속된 섬 명심하도록 하라
돌섬 돌의 전라도 사투리 독섬으로
이에 대한 제국은

울릉도 동남쪽 뱃길따라 이백리
울릉도 동남쪽 뱃길따라 이백리
게이초 일본도 쇼호 일본도
겐로쿠 일본지도
해동여지도 삼국접양지도
대일본 연해여지노정전도
에도 막부의 조사
돗토리 번에게 물어
다케시마는 멀리 떨어져 있어
우리 돗토리땅이 아닙니다
뿐 아니라 일본
어느 지역의 땅도 아닙니다
근처에 마쓰시마 이 역시
일본의 땅은 아닙니다
이후에 울릉도 도해
금지령을 내리지
1877년 3월 28일
이를 한자로 표기하여
칙령 41호에
독도를 독도를 석도로
칙령41호 울릉도와 죽도 그리고
석도를 묶어 울도군의
관할지역으로 정하고
원래 이 지역을 다스리던
관리로 군수로 승격시킨다
꼭 꼭 숨어라 머리카락 보일라
꼭 꼭 숨어라 네 검은 속이 보인다
꼭 꼭 숨어라 머리카락 보일라
꼭 꼭 숨어라
머리 돌아가는 소리 들린다
꼭 꼭 숨어라 머리카락 보일라
꼭 꼭 숨어라 머리카락 보일라
꼭 꼭 숨어라 머리카락 보일라
꼭 꼭 숨어라

18      **독도는 우리땅**

아티스트: 엘키즈 동요
장   르: 동요
발 매 일: 2019.1.10.

19      **독도는 우리땅**

아티스트: 동요
장   르: 동요
발 매 일: 2019.1.4.

2. 2018년(12월~1월) 앨범 및 가사

20

독도는 우리땅

아티스트: Various Artists
장   르: 동요
발 매 일: 2018.12.28

21

독도는 우리땅

아티스트: 캐롤키즈
장   르: 동요
발 매 일: 2018.12.21.

22

독도는 우리땅

아티스트: 엘키즈동요
장   르: 동요
발 매 일: 2018.12.20.

23  **독도는 우리땅**

아티스트: 엘키즈동요
장   르: 동요
발 매 일: 2018.12.6.

24  **독도는 우리땅**

아티스트: 엘키즈동요
장   르: 동요
발 매 일: 2018.12.4.

25 **독도는 우리땅**

아티스트: 엘키즈동요
장   르: 동요
발 매 일: 2018.11.27.

26

우리땅 푸른독도

아티스트: 김지호
장   르: 동요
발 매 일: 2018.11.22.

1. 아침 해 첫 태양 떠오르는 곳 푸른 섬 독도에는
   사계절 자연이 만들어낸 장관이 펼쳐져요
   봄 봄에는 알에서 깨어난 괭이 갈매기 울음 소리 요란하고
   여름 여름엔 밤바다 밝혀주는 오징어 배가 춤을 추네
   금물결 은물결 자연이 숨쉬는 아름다운 독도 바위섬
   우리의 터전 새들의 고향 신비의 섬 우리 독도

2. 아침 해 첫 태양 떠오르는 곳 푸른 섬 독도에는
   사계절 자연이 만들어낸 장관이 펼쳐져요
   가을 가을엔 보랏빛 꽃잎의 쑥부쟁이 바다 보고 웃음짓고
   겨울 겨울엔 동해의 거센 파도 성난 기세로 몰아치네
   꽃향기 바다내음 자연이 숨쉬는 아름다운 독도 바위섬
   우리의 터전 새들의 고향 신비의 섬 우리 독도
   겨레의 숨결 살아 숨쉬는 우리 땅 푸른 독도

27

독도는 우리땅

아티스트: Various Artists
장   르: 동요
발 매 일: 2018.11.9.

28 독도는 우리땅

아티스트: 천사 중창단
장   르: 동요
발 매 일: 2018.11.5.

29 독도아리랑

아티스트: 노래하는 독도지기
장   르: 가요
발 매 일: 2018.10.29.

오 오오오 오 오오오 오오 오 오오오 오 오오 오오
In our mind 푸른 바다가 있는 곳
we love In our heart
우리 바람이 만나는 곳 we love
독도에 휘날리는 저 태극기를 봐
우리를 우리를 우리를 부르고 있어
찬란한 햇살을 품고 있는 섬
비 바람 맞으며 우릴 부르네
더 이상 외롭지 않게 파도에 몸을 담가
너에게로 달려갈게 독도가 일본 꺼 아니야 우리 꺼
우리땅 우리섬 our land our paradise
좋은 건 알아가지고 자기네 땅이라 우기네
정말 웃기네 웃기네 정말 억지네 억지네
독도에 휘날리는 저 태극기를 봐
우리를 우리를 우리를 부르고 있어
푸르른 하늘을 밝혀주는 섬
저 멀리 별들이 날아오른 섬

더 이상 외롭지 않게 파도에 몸을 담가
너에게로 달려갈게 소중한 것을
지키기 위한 수많은 날들 잊지 말고 다시 외쳐봐
찬란한 햇살을 품고 있는 섬 비 바람 맞으며 우릴 부르네
더 이상 외롭지 않게 파도에 몸을 담가 너에게로 달려갈게
오 오오오 오 오오오 오 오 야이야 오 오 오오오오 야
더 이상 외롭지 않게 파도에 몸을 담가 너에게로 달려갈게

30

독도는 우리땅

아티스트: Various Artists
장　　　르: 동요
발 매 일: 2018.10.24.

31

독도는 우리땅

아티스트: 옴니버스
장　　　르: 동요
발 매 일: 2018.10.24.

32

독도는 우리땅

아티스트: 동요
장　　　르: 동요
발 매 일: 2018.10.19.

33   **독도는 우리땅**

아티스트: 동요
장　　르: 동요
발 매 일: 2018.10.18.

34   **독도는 우리땅**

아티스트: 최신동요나라
장　　르: 동요
발 매 일: 2018.10.15.

35   **독도는 우리땅**

아티스트: 동요
장　　르: 동요
발 매 일: 2018.10.5.

36   **독도는 우리땅**

아티스트: Various Artists
장　　르: 동요
발 매 일: 2018.10.2.

37
독도는 우리땅(30년)

아티스트: 박인호와 친구들
장   르: 가요
발 매 일: 2018.10.1.

38
독도는 우리땅

아티스트: Various Artists
장   르: 동요
발 매 일: 2018.9.28.

39
우리땅 푸른 독도

아티스트: 황지현
장   르: 창작동요
발 매 일: 2018.9.28

오천년 한반도를 지켜온 겨레의 땅 아름다운 독도를 소개합니다

1. 아침해 첫 태양 떠오르는 곳 푸른섬 독도에는
   사계절 자연이 만들어낸 장관이 펼쳐져요
   봄 봄에는 알에서 깨어난 괭이 갈매기 울음 소리 요란하고
   여름 여름엔 밤바다 밝혀주는 오징어 배가 춤을 추네
   금물결 은물결 자연이 숨쉬는 아름다운 독도 바위섬
   우리의 터전 새들의 고향 신비의 섬 우리 독도

2. 아침해 첫 태양 떠오르는 곳 푸른섬 독도에는
   사계절 자연이 만들어낸 장관이 펼쳐져요
   가을 가을엔 보랏빛 꽃잎의 쑥부쟁이 바다 보고 웃음짓고
   겨울 겨울엔 동해의 거센 파도 성난 기세로 몰아치네
   꽃향기 바다내음 자연이 숨쉬는 아름다운 독도 바위섬
   우리의 터전 새들의 고향 신비의 섬 우리 독도
   겨레의 숨결 살아 숨쉬는 우리 땅 푸른 독도

40

독도는 우리땅

아티스트: 앙팡키즈
장   르: 동요
발 매 일: 2018.9.20.

41

독도는 우리땅

아티스트: Various Artists
장   르: 동요
발 매 일: 2018.9.20.

42

독도는 우리땅

아티스트: Various Artists
장   르: 동요
발 매 일: 2018.9.20.

43

독도는 우리땅

아 티 스 트: Various Artists
장   르: 동요
발 매 일: 2018.9.20.

44

지키자 독도

아 티 스 트: 호야
장   르: 가요
발 매 일: 2018.9.13.

대한민국 짜짜짜 짝 짝 대한민국 짜짜짜 짝 짝
아리 아리 아리랑 아리랑
쓰리 쓰리 쓰리랑 쓰리랑
우리 함께 힘 모아 독도를 지킵시다
부서지는 파도 소리 지나가는 바람 소리
짙게 깔린 안개구름 독도 지킴이 삼형제
순찰 도는 괭이 갈매기 독도 하늘 파수 꾼
우리 함께 힘 모아 독도를 지킵시다
지키자 독도 지키자 독도
독도는 우리 땅 독도는 우리 땅
대한민국 독도 대한민국 독도
우리 사랑 독도 우리 사랑 독도
지키자 독도 독도
싱글 벙글 아빠 해님 자장 자장 엄마 달님
반짝 반짝 아기별 님 독도 지킴이 삼총사
펄럭이는 태극 깃발 독도 땅 야경 꾼

우리 함께 힘 모아 독도를 지킵시다
지키자 독도 지키자 독도
독도는 우리 땅 독도는 우리 땅
대한민국 독도 대한민국 독도
우리 사랑 독도 우리 사랑 독도 지키자 독도 독도
우뚝 솟은 촛대 바위 독도 바다 수호 신
우리 함께 힘 모아 독도를 지킵시다
지키자 독도 지키자 독도
독도는 우리 땅 독도는 우리 땅
대한민국 독도 대한민국 독도
우리 사랑 독도 우리 사랑 독도
지키자 독도 독도 지키자 독도

45  독도찬가

아티스트: 김현성
장   르: 가요
발 매 일: 2018.8.13.

동해바다에 불끈 솟아오르는 독도는 늠름하구나
동도와 서도 마주 바라보면서 함께 사는 형제 섬이다
울릉도에서 네 얼굴이 보이고 오랜 우애가 바다처럼 깊구나
동도와 서도에 무지개다리가 있어 하얀 갈매기도 건너가는 구나
동해바다에 불끈 솟아오르는 독도는 아름답다
울릉도에서 네 얼굴이 보이고 오랜 우애가 바다처럼 깊구나
동도와 서도에 무지개다리가 있어 하얀 갈매기도 건너가는 구나
동해바다에 불끈 솟아오르는 독도는 아름답다 독도는 아름답다

46

독도는 할아버지의 집

아티스트: 김현성
장　　르: 가요
발 매 일: 2018.8.13.

할아버지는 오늘도 통통배타고 독도 앞바다로 나가신다
아침 해보다 더 일찍 일어나셔서 독도 앞바다로 나가신다
촛대바위로 뜨는 아침 해는 할아버지의 웃음처럼 맑고
손에서 잘 풀리는 낚시 줄에 싱싱한 방어가 걸리면
왔다 왔어 아주 큰 놈이야 크게 소리치며 아이처럼 즐겁다
독도는 할아버지의 집 오래전부터 먼 훗날까지 음음
할아버지의 이름은 김성도에요
독도는 할아버지의 집 촛대바위로 뜨는 아침 해는
할아버지의 웃음처럼 맑고 손에서 잘 풀리는 낚시 줄에
싱싱한 방어가 걸리면 왔다 왔어 아주 큰 놈이야
크게 소리치며 아이처럼 즐겁다
독도는 할아버지의 집 오래전부터 먼 훗날까지 음음
할아버지의 이름은 김성도에요 독도는 할아버지의 집 독도는 할
아버지의 집

47

독도는 우리땅

아티스트: 앙팡키즈
장　　르: 동요
발 매 일: 2018.8.2.

48  **독도는 우리땅**

아티스트: 동요
장   르: 동요
발 매 일: 2018.7.25.

49  **독도는 우리땅**

아티스트: Various Artists
장   르: 동요
발 매 일: 2018.7.17.

50  **쌍둥이 독도**

아티스트: 임하정, 김나연
장   르: 동요
발 매 일: 2018.7.9.

백두산 뿌리하나 동해로 뻗어 예 좋다며 치솟아 동도 되었다
한라산 뿌리하나 동해로 뻗어 예 좋다며 치솟아 서도 되었다
밤이면 달빛 별빛 밝게 비추고 날아든 갈매기들 고향을 삼네 얼쑤!
푸른 바다 노래하는 대한의 독도 한반도의 해가 뜨는 쌍둥이 독도

51  독도는 우리땅

아티스트: Various Artists
장   르: 동요
발 매 일: 2018.7.5.

52  독도는 우리땅

아티스트: 동요
장   르: 동요
발 매 일: 2018.7.5.

53  독도는 우리땅

아티스트: 동요
장   르: 동요
발 매 일: 2018.6.29.

54  독도는 우리땅

아티스트: Various Artists
장   르: 동요
발 매 일: 2018.6.26

55  독도는 우리땅

아티스트: Various Artists
장 르: 동요
발 매 일: 2018.6.26.

56  독도는 우리땅

아티스트: 아빠동요
장 르: 동요
발 매 일: 2018.6.20.

57  독도는 우리땅

아티스트: Various Artists
장 르: 동요
발 매 일: 2018.6.19.

58  독도는 우리땅

아티스트: Various Artists
장 르: 동요
발 매 일: 2018.6.11.

59

독도는 우리땅

아티스트: Various Artists
장   르: 동요
발 매 일: 2018.6.11.

60

독도는 우리땅

아티스트: 이젠어린이동요
장   르: 동요
발 매 일: 2018.6.8.

61

독도는 우리땅

아티스트: Various Artists
장   르: 동요
발 매 일: 2018.6.5.

62

독도는 우리땅

아티스트: Various Artists
장   르: 동요
발 매 일: 2018.5.29.

63  독도는 우리땅

아티스트: Various Artists
장   르: 동요
발 매 일: 2018.5.28.

64  코리아 독도갈매기

아티스트: 세현
장   르: 가요
발 매 일: 2018.5.25.

동해 바다 주름 잡는 위풍 당당 백 갈매기
자랑스런 이름은 코리아 독도 갈매기
울 아버지 울 엄마 증조 고조 할배
노래하며 춤추며 살아온 이곳
신라장군 이사부님 호령소리가 또렷이 들려오는 곳
내 삼촌의 이름은 포항갈매기
내 숙모의 이름은 목포갈매기
내 고모의 이름은 강릉갈매기
내 이름은 독도 갈매기 경상북도 울릉군 울릉읍 독도리
대한민국 동해바다 내 고향 독도여
오늘도 힘차게 날아오른다
코리아의 독도 갈매기 세찬 비바람에 온몸이
젖고 젖어도 나 여기 살리라
거친 풍랑에 온몸이 떠밀려도 나 여기 살리라
울 아버지 울 엄마 증조 고조 할배
노래하며 춤추며 살아온 이곳

선조들의 높은 기상 호령소리가 또렷이 들려오는 곳
내 고모부 이름은 제주 갈매기
내 이모의 이름은 서산 갈매기
내 이모부 이름은 인천 갈매기
내 이름은 독도 갈매기
경상북도 울릉군 울릉읍 독도리
대한민국 동해바다 내 고향 독도여 오늘도 힘차게 날아오른다
코리아의 독도 갈매기 세찬 비바람에 온몸이
젖고 젖어도 나 여기 살리라 거친 풍랑에 온몸이 떠밀려도
나 여기 살리라 코리아 독도 갈매기

65

독도는 우리땅

아티스트: Various Artists
장   르: 동요
발 매 일: 2018.5.17.

66

독도는 우리땅

아티스트: Various Artists
장   르: 동요
발 매 일: 2018.5.4.

67

독도는 우리땅

아티스트: 앙팡키즈
장   르: 동요
발 매 일: 2018.5.4.

68

독도는 우리땅

아티스트: 앙팡키즈
장   르: 동요
발 매 일: 2018.5.4.

69

독도는 우리땅

아티스트: 두리합창단
장   르: 동요
발 매 일: 2018.5.3.

70

독도는 우리땅

아티스트: 루이동요
장   르: 동요
발 매 일: 2018.4.30.

71
독도는 우리땅

아티스트: Various Artists
장   르: 동요
발 매 일: 2018.4.30.

72
독도는 코리아랜드

아티스트: 서희, 정소정
장   르: 가요
발 매 일: 2018.4.30.

모르는 건 죄가 아냐 모르는 건 죄가 아냐
그렇지만 우기는 건 우기는 건 죄란다
동해바다 지키는 우리 독도에 일본 독도 침탈 야욕 드러내
잘 몰라서 우기고 있는 것 같아 중요한 것 몇 개만 얘기 해 줄게

서기 오백십이년 신라장군 이사부 우산국을 정복 시작 후
일구공공 고종칙령 관보 사십일 독도는 대한제국 땅
일구오삼 독도의용 수비대장 홍순칠 삼십삼인 몸으로 지켜
이래도 우길 거니 우기는 건 죄란다 독도는 코리안 랜드

모르는 건 죄가 아냐 모르는 건 죄가 아냐
그렇지만 우기는 건 우기는 건 죄란다
동해바다 지키는 우리 독도에 일본 독도 침탈 야욕 드러내
너희 조상 인정한 것들도 많아 중요한 것 몇 개만 얘기 해 줄게
일육구삼 어부 안용복에 인정 하였네
독도는 명백한 조선 땅 일팔칠칠 독도는 일본 땅 아냐

내무성의 태정관 지령 일구사륙 연합국 지령 육백칠십칠
독도는 일본 땅이 아냐 이래도 우길 거니 우기는 건 죄란다
독도는 코리안랜드 일구사륙 연합국 지령
육백칠십칠 독도는 일본 땅이 아냐 이래도 우길 거니
우기는 건 죄란다 독도는 코리안랜드

73　　**독도는 우리땅**

아 티 스 트: Various Artists
장　　　르: 동요
발 매 일: 2018.4.24.

74　　**독도는 우리땅**

아 티 스 트: Various Artists
장　　　르: 동요
발 매 일: 2018.4.17.

75　　**독도는 우리땅**

아 티 스 트: Various Artists
장　　　르: 동요
발 매 일: 2018.4.6.

76

독도맞이

아티스트: 김다련(울릉집시)
장　　　르: 가요
발 매 일: 2018.4.5.

동도 서도 우리네 땅 설레는 맘 싣고 뱃고동 울리는 구나
갈매기도 나는구나 저 배는 한 점의 섬
해국 일렁이는 곳으로 태극기 펄럭이며 눈앞에
동도 서도 깃발은 우리들을 반겨주네
뜨거움이 피어나는 독도는 우리의 땅
태극기 힘차게 휘날리는 자랑스런 우리의 땅
눈망울 깜박이며 강치가 놀던 독도는 우리의 땅
장엄한 우리의 혼이 담긴 독도를 맞이하세
동도 서도 우리네 땅 설레는 맘 싣고 뱃고동 울리는 구나
갈매기도 나는 구나 저 배는 한 점의 섬
해국 일렁이는 곳으로 태극기 펄럭이며 눈앞에
동도 서도 깃발은 우리들을 반겨주네
뜨거움이 피어나는 독도는 우리의 땅
태극기 힘차게 휘날리는 자랑스런 우리의 땅
눈망울 깜박이며 강치가 놀던 독도는 우리의 땅
장엄한 우리의 혼이 담긴 독도를 맞이하세
태극기 힘차게 휘날리는 자랑스런 우리의 땅
눈망울 깜박이며 강치가 놀던 독도는 우리의 땅
장엄한 우리의 혼이 담긴 독도를 맞이하세 독도를 맞이하세

77

독도는 우리땅

아 티 스 트: Various Artists
장　　　르: 동요
발 매 일: 2018.4.3.

78

독도는 우리땅

아 티 스 트: Various Artists
장　　　르: 동요
발 매 일: 2018.4.3.

79

독도는 우리땅

아 티 스 트: Various Artists
장　　　르: 동요
발 매 일: 2018.3.28.

80
독도는 우리땅

아 티 스 트: Various Artists
장　　　르: 동요
발 매 일: 2018.3.26.

81

독도는 우리땅

아티스트: Various Artists
장   르: 가요
발 매 일: 2018.3.26.

82

독도는 우리땅

아티스트: 전영
장   르: 가요
발 매 일: 2018.3.16.

83

독도는 우리땅

아티스트: Various Artists
장   르: 가요
발 매 일: 2018.3.15.

84

독도는 우리땅

아티스트: 아빠동요
장   르: 동요
발 매 일: 2018.3.14.

85  **독도는 우리땅**

아티스트: Various Artists
장   르: 가요
발 매 일: 2018.3.14.

86  **독도는 우리땅**

아티스트: Various Artists
장   르: 동요
발 매 일: 2018.3.12.

87  **독도는 우리땅**

아티스트: Various Artists
장   르: 동요
발 매 일: 2018.3.12.

88  **독도는 우리땅**

아티스트: Various Artists
장   르: 동요
발 매 일: 2018.3.7.

89

독도사랑

아티스트: 나성웅
장   르: 가요
발 매 일: 2018.3.7.

고향인가~타향인가~ 그녀가 살고 있는 동해바다 독도에
갈매기가 날아드는 섬 아름다운 우리의 독도 그리움 달래가면서
정든님이 오시려나 손꼽아 기다려네 파도소리 내마음만
　　울려놓고 떠나가네

고향인가~ 타향인가~ 그녀가 살고 있는 동해바다 독도에
갈매기가 날아드는 섬 아름다운 우리의 독도 그리움 달래가면서
정든님이 오시려나 손꼽아 기다려네 파도소리 내마음만
　　울려놓고 떠나가네
울려놓고 떠나가네~

90

독도아리랑

아티스트: 최경혜
장   르: 창작민요
발 매 일: 2018.3.6.

아리랑 아리랑 아라리요 독도아리랑 고개로 넘어간다
한반도 동쪽 끝섬 독도야 푸른물 감고서 우뚝 서 있네
아리랑 아리랑 아라리요 독도아리랑 고개로 넘어간다
세계로 뻗어가는 대한민국 독도야 독도야 노래하자

아리랑 아리랑 아라리요 독도아리랑 고개로 넘어간다
아버지의 우산도 노래 흥겨웁고 어머니의 아리랑 정겨워라
아리랑 아리랑 아라리요 독도아리랑 고개로 넘어간다
어기여차 배띄워라 뱃사공아 동해의 독도를 만나보자
아리랑 아리랑 아라리요 독도아리랑 고개로 넘어간다

91
독도는 우리땅

아티스트: Various Artists
장   르: 동요
발 매 일: 2018.3.5.

92
우리땅 푸른독도

아티스트: 박주만
장   르: 가요
발 매 일: 2018.2.28.

오천년 한반도를 지켜온 겨레의 땅 아름다운 독도를 소개합니다

1. 아침해 첫 태양 떠오르는 곳 푸른섬 독도에는
   사계절 자연이 만들어낸 장관이 펼쳐져요
   봄 봄에는 알에서 깨어난 괭이 갈매기 울음 소리 요란하고
   여름 여름엔 밤바다 밝혀주는 오징어 배가 춤을 추네
   금물결 은물결 자연이 숨쉬는 아름다운 독도 바위섬
   우리의 터전 새들의 고향 신비의 섬 우리 독도

2. 아침해 첫 태양 떠오르는 곳 푸른섬 독도에는
   사계절 자연이 만들어낸 장관이 펼쳐져요

가을 가을엔 보랏빛 꽃잎의 쑥부쟁이 바다 보고 웃음짓고
겨울 겨울엔 동해의 거센 파도 성난 기세로 몰아치네
꽃향기 바다내음 자연이 숨쉬는 아름다운 독도 바위섬
우리의 터전 새들의 고향 신비의 섬 우리 독도
겨레의 숨결 살아 숨쉬는 우리 땅 푸른 독도

93　　독도는 우리땅

아티스트: Various Artists
장　　르: 동요
발 매 일: 2018.2.23.

94　　독도 아리랑

아티스트: 임청화
장　　르: 가곡
발 매 일: 2018.2.21.

1. 한반도 백두대간 정기 뻗어 내린 우리겨레 자긍심 독도여
   자자손손 영원히 변치않을 동포의 사랑빛을 밝히노라.
   겨레의 자랑 독도여 겨레의 기백 독도여
   유구히 흘러 온 우리 조국 영광된 앞날 밝혀주는
   가슴벅찬 승리의 함성 아리랑 아리아리랑
   아리아리아리 아리랑 독도 아리랑

2. 오천년 한겨레의 핏줄로 잉태한 섬 한민족의 자부심 독도여
   오대양 육대주 뻗어가는 길목에 길잡이가 되어라.
   대한의 사랑 독도여 대한의 보배 독도여

유구히 이어 온 우리 조국 찬란한 앞날 열어주는
가슴벅찬 희망의 등대 아리랑 아리아리랑
아리아리아리 아리랑 독도 아리랑

95  **독도는 우리땅**

아티스트: Various Artists
장　　르: 동요
발 매 일: 2018.2.8.

96  **우리의 섬 독도**

아티스트: 깨비키즈
장　　르: 동요
발 매 일: 2018.2.5.

통통통 푸른 바다, 희망을 향해 달려요.
우뚝 솟은 독도에 둥근 태양 붉게 떠오르면 새 희망이 힘차게

97  **독도는 우리땅**

아티스트: Various Artists
장　　르: 동요
발 매 일: 2018.1.31.

98

독도는 우리땅

아 티 스 트: Various Artists

장   르: 동요

발 매 일: 2018.1.24.

99

우리땅 푸른 독도

아 티 스 트: 한서윤

장   르: 동요

발 매 일: 2018.1.15.

천년 한반도를 지켜온 겨레의 땅 아름다운 독도를 소개합니다

1. 아침해 첫 태양 떠오르는 곳 푸른섬 독도에는
   사계절 자연이 만들어낸 장관이 펼쳐져요
   봄 봄에는 알에서 깨어난 괭이 갈매기 울음 소리 요란하고
   여름 여름엔 밤바다 밝혀주는 오징어 배가 춤을 추네
   금물결 은물결 자연이 숨쉬는 아름다운 독도 바위섬
   우리의 터전 새들의 고향 신비의 섬 우리 독도

2. 아침해 첫 태양 떠오르는 곳 푸른섬 독도에는
   사계절 자연이 만들어낸 장관이 펼쳐져요
   가을 가을엔 보랏빛 꽃잎의 쑥부쟁이 바다 보고 웃음짓고
   겨울 겨울엔 동해의 거센 파도 성난 기세로 몰아치네
   꽃향기 바다내음 자연이 숨쉬는 아름다운 독도 바위섬
   우리의 터전 새들의 고향 신비의 섬 우리 독도
   겨레의 숨결 살아 숨쉬는 우리 땅 푸른 독도

100

독도는 우리땅

아티스트: Various Artists
장   르: 동요
발 매 일: 2018.1.15.

101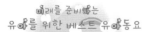

독도는 우리땅

아티스트: Various Artists
장   르: 동요
발 매 일: 2018.1.9.

102

독도는 우리땅

아티스트: Various Artists
장   르: 동요
발 매 일: 2018.1.5.

3. 2017년(12월~1월) 앨범 및 가사

103

독도는 우리땅

아티스트: Various Artists
장　　르: 동요
발 매 일: 2017.12.20.

104

독도는 우리땅

아티스트: Various Artists
장　　르: 동요
발 매 일: 2017.12.20.

105

독도는 우리땅

아티스트: Various Artists
장　　르: 동요
발 매 일: 2017.12.19.

106 독도는 우리땅

아티스트: Various Artists
장　　르: 동요
발 매 일: 2017.12.19.

107 독도송

아티스트: 어린이 합창단
장　　르: 동요
발 매 일: 2017.12.11.

독도는 한국땅 한국땅, 한국땅
울릉도가 어디있지(경상북도) 독도는 어디있지(울릉도 울릉도)
독도 독도 독도는 한국땅 아름다운 바위섬
독도 독도 독도가 일본에 있나(아니 아니)
독도는 한국에 있지(맞아 맞아)
독도 독도 독도는 우리땅 아름다운 바위섬
독도 독도 새들이 노래하면 파도가 따라한다
독도는 대한민국 우리 땅이라고 오늘도 힘차게 노래를 한다
독도는 내 친구 독도는 한국 땅 독도는 한국땅 한국땅 한국땅

108

독도는 우리땅

아티스트: Various Artists
장   르: 동요
발 매 일: 2017.12.1.

109

독도는 우리땅

아티스트: 동요
장   르: 동요
발 매 일: 2017.11.28.

110

독도는 우리땅

아티스트: 동요
장   르: 동요
발 매 일: 2017.11.22.

111

독도는 우리땅

아티스트: Various Artists
장   르: 동요
발 매 일: 2017.11.20.

112

독도

아티스트: 박범수
장　　　르: 가곡
발 매 일: 2017.11.15.

백두와 태백의 줄기 동해로 뻗어 수천년 비바람에 우뚝솟은 독도여
의연한 네 모습은 변함이 없구나
험한 파도 가슴에 안고 네 홀로 지키는 구나
그리움 끝없이 흘러흘러 사랑이 되어 끝없이 이름을 그립게도
　불러본다
독도여 독도여

113

독도는 우리땅

아티스트: Various Artists
장　　　르: 동요
발 매 일: 2017.11.10.

114

독도는 우리땅

아티스트: Various Artists
장　　　르: 동요
발 매 일: 2017.11.8.

115  독도는 우리땅

아티스트: Various Artists
장   르: 동요
발 매 일: 2017.11.8.

116  독도는 우리땅

아티스트: Various Artists
장   르: 동요
발 매 일: 2017.10.31.

117  독도는 우리땅

아티스트: Various Artists
장   르: 동요
발 매 일: 2017.10.30.

118  독도는 우리땅

아티스트: Various Artists
장   르: 동요
발 매 일: 2017.10.27.

119

독도는 우리땅

아티스트: Various Artists
장   르: 동요
발 매 일: 2017.10.27.

120

독도찬가

아티스트: 고윤미
장   르: 가요
발 매 일: 2017.10.24.

출렁출렁 파도치는 독도로 가자 찬 눈바람을 이겨내며 동해 바다를
지켜온 너는 자랑스런 우리의 한반도 코리아 섬마을이라네
백두대간 가슴에 품고 방가지꽃 아름답게 피우며
변하지 않는 젊은 모습 그대로 보여주는 독도야
너는 이제 외롭지 않으리라 항구에 울리는 뱃고동소리
사계절 멈추지 않으며 너와 함께 하리라
출렁출렁 배 띄워라 독도로 가자
찬 눈바람을 이겨내며 동해 바다를
지켜온 너는 자랑스런 우리의 한반도 코리아 섬마을이라네

출렁출렁 파도치는 독도로 가자 찬 눈바람을 이겨내며 동해 바다를
지켜온 너는 자랑스런 우리의 한반도 코리아 섬마을이라네
백두대간 가슴에 품고 해국꽃 아름답게 피우며
변하지 않는 젊은 모습 그대로 보여주는 독도야
너는 이제 외롭지 않으리라 항구에 울리는 뱃고동소리
사계절 멈추지 않으며 너와 함께 하리라

출렁출렁 배 띄어라 독도로 가자
찬 눈바람을 이겨내며 동해 바다를
지켜온 너는 자랑스런 우리의 한반도 코리아 섬마을이라네

121

독도아리랑

아티스트: 노래하는 독도지기
장   르: 가요
발 매 일: 2017.10.20.

122

독도는 한국땅이에요

아티스트: 연우가영
장   르: 가요
발 매 일: 2017.10.19.

123

독도는 한국땅이다

아티스트: 라보엠
장   르: 가요
발 매 일: 2017.10.19.

독도는 한국땅이다 독도는 한국땅이다
아무리 우겨도 떼를 써봐도 독도는 한국땅이다
너희들이 아무리 니네 땅이라고 여기저기 소문내봐도
수백 수천번 몸부림쳐도 변하는건 하나도없다

그러지마라 화나려한다 독도는 한국땅이다
나서지말고 정신차려라 독도는 한국땅이다 독도는 한국땅이다
Say it loud put it in a song (노래에 큰소리로 말하면 돼)
　　　독도는 한국땅이다
The whole world will know it before too long (전세계가 너무 오
래전에 그것을 알 것이다) 독도는 한국땅이다
Say it loud put it in a song (노래에 큰소리로 말하면 돼)
　　　독도는 한국땅이다
The whole world will know it before too long (전세계가 너무 오
　　　래전에 그것을 알 것이다) One more year with a push like this
　　　And the planet is mine
이런 노력을 유지하면 지구는 내 것이다
We going hard on it You can't deny it you can't even try
우리는 열심히 한다 누구나 불평도 못하고 인정을 해야한다
Got love for my people All over the planet let all of us fly
다른 나라에 있는 내 사람들은 다 사랑하고 성공하자
Front to the back I want all of my people With hands in the sky
뒤에서 앞까지 내 사람들은 손들어 독도는 한국땅이다
　　　독도는 한국땅이다
아무리 우겨도 떼를 써봐도 독도는 한국땅이다
너희들이 아무리 니네 땅이라고 여기저기 소문내봐도
수백 수 천번 몸부림쳐도 변하는건 하나도 없다
그러지 마라 화나려 한다 독도는 한국땅이다
나서지 말고 정신 차려라 독도는 한국땅이다
아무말 말고 반성좀 해라 독도는 한국땅이다
두 번 다시는 그러지 마라 독도는 한국땅이다 독도는 한국땅이다

124

독도는 우리땅

아티스트: Various Artists
장　　르: 동요
발 매 일: 2017.9.28.

125

독도는 우리땅

아티스트: Various Artists
장   르: 동요
발 매 일: 2017.9.28.

126

독도는 우리땅

아티스트: Various Artists
장   르: 동요
발 매 일: 2017.9.20.

127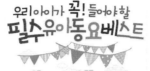

독도는 우리땅

아티스트: Various Artists
장   르: 동요
발 매 일: 2017.9.6.

128

독도는 우리땅

아티스트: Various Artists
장   르: 동요
발 매 일: 2017.9.1.

129

독도는 우리땅

아티스트: Various Artists
장   르: 동요
발 매 일: 2017.8.18.

130

독도는 우리땅

아티스트: Various Artists
장   르: 동요
발 매 일: 2017.8.18.

131

독도여 영원하라

아티스트: 인동남
장   르: 가요
발 매 일: 2017.8.14.

너는 너는 외롭지 않다 독도야 독도야 우리 독도야
내 한 점 고운 살을 바다에 던진 망망대해 동해바다 품에 안긴
　독도야
거칠은 파도가 뺨을 때려도 이 기상을 누가 막으랴
독도야 독도야 우리 독도야 너는 너는 영원하리라

132

독도는 우리땅

아티스트: Various Artists
장　　르: 동요
발 매 일: 2017.8.4.

133

독도는 우리땅

아티스트: Various Artists
장　　르: 동요
발 매 일: 2017.8.4.

134

독도는 우리땅

아티스트: Various Artists
장　　르: 동요
발 매 일: 2017.8.4.

135

독도는 우리땅

아티스트: Various Artists
장　　르: 동요
발 매 일: 2017.8.4.

136

독도는 우리땅

아티스트: Various Artists
장   르: 동요
발 매 일: 2017.8.4.

137

독도는 우리땅

아티스트: 동요
장   르: 동요
발 매 일: 2017.8.2.

138

독도는 우리땅

아티스트: Various Artists
장   르: 동요
발 매 일: 2017.7.28.

139

독도는 우리땅

아티스트: Various Artists
장   르: 동요
발 매 일: 2017.7.10.

140 독도는 우리땅

아티스트: 동요
장   르: 동요
발 매 일: 2017.7.7.

141 독도는 우리땅

아티스트: Various Artists
장   르: 동요
발 매 일: 2017.7.5.

142 독도는 우리땅

아티스트: Various Artists
장   르: 동요
발 매 일: 2017.6.27.

143 독도는 우리땅

아티스트: Various Artists
장   르: 동요
발 매 일: 2017.6.19.

144

독도는 우리땅

아티스트: Various Artists
장　　르: 동요
발 매 일: 2017.6.19.

145

독도는 한국땅

아티스트: 이서인
장　　르: 가요
발 매 일: 2017.6.15.

대한민국 울릉도 독도는 한국땅 동해바다 우뚝솟은 기암절벽 한국땅
독도는 한국땅 독도는 한국땅 비바람 눈보라에 더욱멋진 한국땅
대한민국 울릉도 독도는 한국땅 우리는 소리높여 힘차게 외친다
독도는 한국땅 독도는 한국땅 독도는 한국땅
대한민국 울릉도 독도는 한국땅

동해바다 우뚝솟은 기암절벽 한국땅 독도는 한국땅 독도는 한국땅
보배롭고 자랑스런 아름다운 한국땅 대한민국 울릉도 독도는 한국땅
우리는 소리높여 힘차게 외친다 독도는 한국땅 독도는 한국땅
독도는 한국땅 독도는 한국땅 독도는 한국땅
독도는 한국땅 독도는 한국땅

146  독도는 우리땅

아티스트: 반디어린이합창단
장   르: 동요
발 매 일: 2017.6.12.

147  독도여

아티스트: 박은희
장   르: 가요
발 매 일: 2017.6.12.

1. 동해의 심장으로 여린 숨 몰아쉬는
   애달픈 작은 몸을 함부로 하지마라
   끝없이 붉은 영혼의 힘 갈기 높이 세운다.
   외롭거던 울지 말고 노래를 부르거나
   살아있는 푸른 가락 속을 푸는 하얀 선율
   캄캄한 어둠 밀려 와도 부름 뜬 눈 감자마라
   이웃의 치매는 점점에 이르는 거품 문 헛소리
   네 몸들이 내려 쳐도 고른 숨 동이 트는 맥박 조선의 피로 흘러라

2. 외롭거던 울지 말고 노래를 부르거나
   살아있는 푸른 가락 속을 푸는 하얀 선율
   캄캄한 어둠 밀려 와도 부름 뜬 눈 감자마라
   역사를 왜곡하고 망발을 일삼는 짖어대는 헛소리
   몽둥이가 약이거늘 고른 숨 동이 트는 맥박 조선의 피로 흘러라

148

독도는 우리땅

아티스트: 동요팡팡
장   르: 동요
발 매 일: 2017.6.2.

149

독도는 우리땅

아티스트: Various Artists
장   르: 동요
발 매 일: 2017.5.30.

150

독도는 우리땅

아티스트: Various Artists
장   르: 동요
발 매 일: 2017.5.29.

151

독도는 우리땅

아티스트: 어린이동요
장   르: 동요
발 매 일: 2017.5.29.

152

독도는 우리땅

아티스트: Various Artists
장　　르: 동요
발 매 일: 2017.5.26.

153

독도는 우리땅

아티스트: Various Artists
장　　르: 동요
발 매 일: 2017.5.25.

154

독도는 우리땅

아티스트: Various Artists
장　　르: 동요
발 매 일: 2017.5.24.

155

독도는 우리땅

아티스트: 한국동요사랑회
장　　르: 동요
발 매 일: 2017.5.24.

156    독도는 우리땅

아티스트: Various Artists
장   르: 동요
발 매 일: 2017.5.24.

157    독도는 우리땅

아티스트: Various Artists
장   르: 동요
발 매 일: 2017.5.22.

158    독도는 우리땅

아티스트: Various Artists
장   르: 동요
발 매 일: 2017.5.9.

159    독도는 우리땅

아티스트: Various Artists
장   르: 동요
발 매 일: 2017.5.2.

160

독도는 우리땅

아티스트: Various Artists
장　　르: 동요
발 매 일: 2017.5.2.

161

독도는 우리땅

아티스트: 동요
장　　르: 동요
발 매 일: 2017.5.2.

162

독도는 우리땅

아티스트: Various Artists
장　　르: 동요
발 매 일: 2017.5.2.

163

독도는 우리땅

아티스트: 어린이동요
장　　르: 동요
발 매 일: 2017.4.27.

164
독도는 우리땅

아티스트: Various Artists
장   르: 동요
발 매 일: 2017.4.18.

165
독도는 우리땅

아티스트: 동요
장   르: 동요
발 매 일: 2017.4.7.

166
독도는 우리땅

아티스트: 참좋은 동요연구원
장   르: 동요
발 매 일: 2017.4.7.

167
독도는 우리땅

아티스트: Various Artists
장   르: 동요
발 매 일: 2017.4.3.

168

독도는 우리땅

아티스트: Various Artists
장   르: 동요
발 매 일: 2017.3.30.

169

독도는 우리땅

아티스트: Various Artists
장   르: 동요
발 매 일: 2017.3.29.

170

독도는 우리땅

아티스트: Various Artists
장   르: 동요
발 매 일: 2017.3.27.

171

독도는 우리땅

아티스트: Various Artists
장   르: 동요
발 매 일: 2017.3.23.

172  독도는 우리땅

아티스트: Various Artists

장   르: 동요

발 매 일: 2017.3.23.

173  독도는 우리땅

아티스트: Various Artists

장   르: 동요

발 매 일: 2017.3.15.

174  독도는 우리땅

아티스트: Various Artists

장   르: 동요

발 매 일: 2017.3.15.

175 **아! 우리 독도여**

아티스트: 영남대학교 독도연구소

장   르: 가곡

발 매 일: 2017.3.

176

아! 우리 독도여

아 티 스 트: 영남대학교 독도연구소
           (최동호, 최영섭)
장   르: 가곡
발 매 일: 2017.3.

1. 삼천리 이 강산에 바위섬 하나
   내 한점 고운 살을 던진 독도여
   저 푸른 동해바다 품에 안기어
   대한봉 우산봉이 우뚝 솟았네
   아~ 겨레의 높은 이 기상 누가 막으리오
   천년만년 우리 함께 영원하라 독도여

2. 삼천리 이 강산에 외딴섬 하나
   내 한점 고운살을 던지 독도여
   저 넓은 동해바다 파도를 안고
   대한봉 우산봉이 늠름하구나
   이 겨레의 힘찬 이 정기 누가 꺾으리오
   천년만년 우리함께 영원하라 독도여

177

독도는 외롭지 않다

아 티 스 트: 영남대학교 독도연구소
           (최동호, 최영섭)
장   르: 가곡
발 매 일: 2017.3.

너는 너는 외롭지 않다
독도야 독도야 우리 독도야

내 한 점 살을 살점을 찢어서 던진
망망대해 동해바다 품에 안긴 독도야
거칠은 파도가 뺨을 때려도
겨레의 얼과 혼이 살아 숨쉬는
이 기상을 누가 막으리
독도야 독도야 우리 독도야
보라 억지 망상에 빠져 몸부림치는 저 모습을
보라 섬지기 갈매기도 비웃는구나
독도야 독도야 우리 독도야
너는 외롭지 않다 너는 외롭지 않으리라.

178

우리섬 독도여

아티스트: 영남대학교 독도연구소
　　　　　　(최동호, 이문주)
장　　르: 가곡
발 매 일: 2017.3.

여명의 햇살을 한 몸에 안고
불꽃같이 솟아오른 우리 독도여
동해바다 숨은 듯이 홀로 있어요
너는 외롭지 않아 우리 있음에

저 수평선 너머로 잠들지 않는
아름다운 섬 독도여 우리 독도여

여명의 햇살을 한 몸에 안고
불꽃같이 솟아오른 우리 독도여
동해바다 숨은 듯이 홀로 남아도
너는 두렵지 않아 우리 있음에

179  **영원하라 독도여**

아티스트: 영남대학교 독도연구소
         (최동호, 권순동)
장   르: 가곡
발 매 일: 2017.3.

삼천리 이 강산에 바위섬 하나
대한의 또 하나의 뜨거운 심장
저 푸른 동해바다 품에 안고서
대한봉 우산봉이 우뚝 솟았네
아~ 겨레의 높은 이 기상
누가 막으리오
천년만년 우리와 함께
영원하라 독도여~

180  **독도여 영원하라**

아티스트: 영남대학교 독도연구소
         (최동호, 인동남)
장   르: 가곡
발 매 일: 2017.3.

너는 너는 외롭지 않다
독도야 독도야 우리 독도야

(후렴) 내 한 점 고운 살을 바다에 던지
망망대해 동해바다 품에 안긴 독도야
거칠은 파도가 뺨을 때려도
이 기상을 누가 막으리랴
독도야 독도야 우리 독도야
너는 너는 영원하리라~~

181 독도의 등불

아티스트: 영남대학교 독도연구소
            (최동호, 이문주)
장   르: 가곡
발 매 일: 2017.3.

1. 별빛이 아스라이 잡드는 밤에
길 잃은 임을 위해 불 밝힌 독도야
내가 너 알기 전에 하나의 점이었고
내가 너 알기 전에 하나의 돌이었다.

(후렴)오늘도 뱃머리에 우는 갈매기
귓전에 따가워도 서러워마라
만선의 꿈을 안고 너를 반기리

2. 달빛이 그윽하게 물드는 밤에
길 잃은 임을 위해 불 밝힌 독도야
내가 너 알기 전에 상상의 섬이었고
내가 너 알기 전에 갈매기 섬이었다.

182 독도는 내 친구

아티스트: 영남대학교 독도연구소
            (최동호, 이문주)
장   르: 가곡
발 매 일: 2017.3.

1. 동해의 외로운 섬 나의 친구야
손들면 섬섬옥수 작은 섬들이

갈매기 친구삼아 하루 보내고
밤에는 등불처럼 달님이 밝혀줍니다.

2. 동해의 외로운 섬 나의 친구야
손들면 섬섬옥수 작은 섬들이
파도와 정답게 합창을 하고
밤에는 친구처럼 별님이 놀다갑니다.

183  **독도의 달밤**

아티스트: 영남대학교 독도연구소
        (최동호, 이문주)
장   르: 가곡
발 매 일: 2017.3.

등대불 깜박이는 독도의 달밤
이름 모를 풀벌레가 잠을 깨워도
하룻밤 내 영혼을 묻고 가리라
파도야 울지마라 내가 있지 않느냐
너마저 울어대면 이 밤을 어이해~

찾아오는 임도 없는 독도의 달밤
차가운 밤바람이 등을 밀어도
하룻밤 내 영혼을 묻고 가리라
파도야 울지마라 내가 있지 않느냐
너 마저 울어대면 이 마음 어이해~

184  독도는 우리땅 2

아티스트: 이용우
장   르: 가요
발 매 일: 2017.3.9.

왜 또 건드려 독도는 우리땅인데
말도 안 되는 소리로 화나게 하지마
바다제비 괭이갈매기 딱새 노랑말 도요
울릉도 독도는 형제야 대한민국야
나 어릴 적 기타를 튕기며 부르던 노래
새들의 고향 우리 바다 지키는 독도는 우리땅
아는 사람 알아 모두 다 알아 남과 북이 다 알아
세월이 흐르고 세상이 변해도 독도는 우리 땅 독도는 우리 땅
우리의 바다 지키는 우리의 영원한 마음의 등대
왜 또 건드려 독도는 우리 땅인데

말도 안 되는 소리로 화나게 하지마
나 어릴 적 기타를 튕기며 부르던 노래
새들의 고향 우리 바다 지키는 독도는 우리땅
아는 사람 알아 모두 다 알아 남과 북이 다 알아
세월이 흐르고 세상이 변해도 독도는 우리 땅 독도는 우리 땅
우리의 바다 지키는 우리의 영원한 마음의 등대
왜 또 건드려 독도는 우리땅인데
말도 안 되는 소리로 화나게 하지마
바다제비 괭이갈매기 딱새 노랑말 도요
울릉도 독도는 형제야 대한민국야
자 우리 힘 모아 우리땅 지켜내야 해
말도 안 되는 소리에 흔들리면 안돼

185

독도는 우리땅

아티스트: Various Artists
장   르: 동요
발 매 일: 2017.3.3.

186

독도는 우리땅

아티스트: Various Artists
장   르: 동요
발 매 일: 2017.3.2.

187

독도는 우리땅

아티스트: Various Artists
장   르: 동요
발 매 일: 2017.2.27.

188

독도는 우리땅

아티스트: Various Artists
장   르: 동요
발 매 일: 2017.2.27.

189 독도는 우리땅

아티스트: Various Artists
장   르: 동요
발 매 일: 2017.2.27.

190 독도는 우리땅

아티스트: Various Artists
장   르: 동요
발 매 일: 2017.2.13.

191 독도는 우리땅

아티스트: Various Artists
장   르: 동요
발 매 일: 2017.2.8.

192 독도는 우리땅

아티스트: Various Artists
장   르: 동요
발 매 일: 2017.2.3.

193  독도는 우리땅

아티스트: Various Artists
장　　　르: 동요
발 매 일: 2017.2.2.

194  독도는 우리땅

아티스트: Various Artists
장　　　르: 동요
발 매 일: 2017.1.31.

195  독도는 우리땅

아티스트: Various Artists
장　　　르: 동요
발 매 일: 2017.1.26.

196  독도는 우리땅

아티스트: Various Artists
장　　　르: 동요
발 매 일: 2017.1.25.

197  독도는 우리땅

아티스트: Various Artists
장   르: 동요
발 매 일: 2017.1.17.

198  독도는 우리땅

아티스트: Various Artists
장   르: 동요
발 매 일: 2017.1.17.

199  독도는 우리땅

아티스트: Various Artists
장   르: 동요
발 매 일: 2017.1.12.

200  독도는 우리땅

아티스트: Various Artists
장   르: 동요
발 매 일: 2017.1.12.

201

독도는 우리땅

아티스트: Various Artists
장　　르: 가요
발 매 일: 2017.1.9.

202

독도는 우리땅

아티스트: Various Artists
장　　르: 동요
발 매 일: 2017.1.2.

4. 2016년(12월~1월) 앨범 및 가사

203

독도리

아티스트: 무한도전
장   르: 가요(랩, 힙합)
발 매 일: 2016.12.31.

아 나 진짜 아 이거 제정신이야
아 나 이 자식들이 들이밀 걸 들이밀어야지 이건 무슨 삼류소설
이 땅을 지켜 낸 건 처음부터 대한민국
이 땅 이름 바로 독도 의용수비대
독도경비대에게 매년 행사마다 너넨 절을 해
니들의 헛된 꿈 다 물이 돼 알아듣게 말해줘 무리네
등기부등본을 떼 봐 무리네
역사책을 펼쳐봐 역시 무리네
말도 안 되는 억지를 또 부리네
니들의 헛된 소망 다 꿈이네
예전의 잘못들을 다 숨기네
이제는 니네가 고개를 숙일 때
먼저 갈게 우리 땅 울릉도 동남쪽 뱃길 따라 독도리
울릉도 독도리 동남쪽 너를 기다리고 있어
여기 독도리 독도를 죽도로 들이댈 때는 (yo)
　고종의 팩트로 얍얍 혼내주기
세종실록 지리지 팩트에 또 시치미 뚝 떼 봤자 어차피 걸리기 일쑤
태정관 지령문은 왜 공개를 못해 아님 일본에서 독도공개
　토론회는 어때? 하!

아무 말도 못하겠지 이미 너넨 알고 있잖아 진실
등기부등본을 떼 봐 무리네
역사책을 펼쳐봐 역시 무리네
말도 안 되는 억지를 또 부리네
니들의 헛된 소망 다 꿈이네
예전의 잘못들을 다 숨기네 이제는 니네가 고개를 숙일 때
먼저 갈게 우리 땅 울릉도 동남쪽 뱃길 따라 독도리
아 예 울릉도 독도리 동남쪽 너를 기다리고 있어
여기 누구한테 물어 여기가 우리 땅인데 별들에게 물어?
누구한테 물어 여기가 우리 땅인데 별들에게 물어?
너를 기다리고 있어 여기 독도리 안용복이라 했네
노비로 태어나 장군으로 죽은 이의 이름이
바다 위에 홀로 섬 하나 쓸쓸해 보여
곁에 지켜주던 이름이 짝사랑도 그니까 좀 엔간히 해
니가 입 열면 전부 다 속 터지니까 두고 볼 거다 인마
귀신처럼 눈을 부릅뜬 채 여기가 대한민국 독도다 인마 얼쑤
울릉도 독도리 동남쪽 너를 기다리고 있어
여기 누구한테 물어 여기가 우리 땅인데 별들에게 물어?
누구한테 물어 여기가 우리 땅인데 별들에게 물어?
너를 기다리고 있어 여기 독도리

204

독도는 우리땅

아티스트: Various Artists
장   르: 동요
발 매 일: 2016.12.30.

205

독도는 우리땅

아티스트: Various Artists
장　　르: 동요
발 매 일: 2016.12.29.

206

독도는 우리땅

아티스트: Various Artists
장　　르: 동요
발 매 일: 2016.12.28.

207

독도는 우리땅

아티스트: Various Artists
장　　르: 동요
발 매 일: 2016.12.27.

208

독도는 우리땅

아티스트: Various Artists
장　　르: 동요
발 매 일: 2016.12.14.

209

독도는 우리땅

아티스트: Various Artists
장   르: 동요
발 매 일: 2016.12.14.

210

독도는 우리땅

아티스트: Various Artists
장   르: 동요
발 매 일: 2016.12.14.

211

독도는 우리땅

아티스트: 참좋은 동요연구원
장   르: 동요
발 매 일: 2016.12.13.

212

독도는 우리땅

아티스트: 참좋은 동요연구원
장   르: 동요
발 매 일: 2016.12.1.

213

독도는 우리땅

아티스트: Various Artists
장   르: 동요
발 매 일: 2016.11.28.

214

독도찬가

아티스트: 허성희(손기복, 임종호)
장   르: 가요
발 매 일: 2016.11.18.

출렁출렁 파도치는 독도로 가자
찬눈바람을 이겨내는 동해바다를
지켜온 너는 자랑스런 우리의
한반도 코리아 섬마을이라네

백두대간 가슴에 품고 방가지꽃 아름답게 피우며
변하지 않는 젊은 모습 그대로 보여주는 독도야
너는 이제 외롭지 않으리라
항구에 울리는 뱃고동소리 사계절 멈추지 않으며

출렁출렁 배띄어라 독도로 가자
찬눈바람을 이겨내는 동해바다를
지켜온 너는 자랑스런 우리의
한반도 코리아 섬마을이라네

215

독도는 우리땅

아티스트: Various Artists
장   르: 동요
발 매 일: 2016.11.16.

216

독도는 우리땅

아티스트: Various Artists
장   르: 동요
발 매 일: 2016.11.14.

217

독도는 우리땅

아티스트: Various Artists
장   르: 동요
발 매 일: 2016.11.14.

218

독도는 우리땅

아티스트: Various Artists
장   르: 동요
발 매 일: 2016.11.14.

219  **독도는 우리땅**

아티스트: Various Artists
장　　르: 동요
발　매　일: 2016.11.14.

220  **독도찬가**

아티스트: 고윤미
장　　르: 가요
발　매　일: 2016.11.14.

출렁출렁 파도치는 독도로 가자
찬 눈바람을 이겨내며 동해 바다를
지켜온 너는 자랑스런 우리의
한반도 코리아 섬마을이라네
백두대간 가슴에 품고
방가지꽃 아름답게 피우며
변하지 않는 젊은 모습 그대로
보여주는 독도야
너는 이제 외롭지 않으리라
항구에 울리는 뱃고동소리
사계절 멈추지 않으며
너와 함께 하리라
출렁출렁 배 띄워라 독도로 가자
찬 눈바람을 이겨내며
동해 바다를 지켜온 너는 자랑스런
우리의 한반도 코리아 섬 마을이라네

출렁출렁 파도치는 독도로 가자
찬 눈바람을 이겨내며
동해 바다를 지켜온 너는 자랑스런 우리의
한반도 코리아 섬마을이라네
백두대간 가슴에 품고
해국꽃 아름답게 피우며
변하지 않는 젊은 모습 그대로
보여주는 독도야
너는 이제 외롭지 않으리라
항구에 울리는 뱃고동소리
사계절 멈추지 않으며 너와 함께 하리라
출렁출렁 배 띄어라 독도로 가자
찬 눈바람을 이겨내며
동해 바다를 지켜온 너는 자랑스런 우리의
한반도 코리아 섬마을이라네.

221  독도는 우리땅

아티스트: Various Artists
장   르: 동요
발 매 일: 2016.10.26.

222  독도는 우리땅

아티스트: Various Artists
장   르: 동요
발 매 일: 2016.10.25.

223

독도의 밝은 아침

아티스트: 동요천국
장   르: 동요
발 매 일: 2016.10.25.

출렁출렁출렁출렁 밀려오는 파도는
독도섬에 앉는 바위 두드리며 인사를 하죠
싱그러운 풀잎도 흔들흔들
고개숙여 반갑게 아침인사를 해요

(나레이션)
독도야 안녕 잘 잤니
끼룩끼룩 괭이갈매기 아리랑 춤을 추며
휘잉휘잉 바람은 노래를 불러주네
둥실둥실 구름이 반주를 하며
독도의 아침을 열어주네요
출렁출렁출렁출렁 밀려오는 파도는
독도섬의 밝은 아침 열어주지요
독도의 밝은 아침 독도의 밝은 아침

224

독도는 우리땅

아티스트: Various Artists
장   르: 동요
발 매 일: 2016.10.21.

225

독도는 우리땅

아티스트: Various Artists
장   르: 동요
발 매 일: 2016.10.21.

226

독도는 우리땅

아티스트: Various Artists
장   르: 동요
발 매 일: 2016.10.20.

227

독도는 우리땅

아티스트: Various Artists
장   르: 동요
발 매 일: 2016.10.14.

228

독도는 우리땅

아티스트: Various Artists
장   르: 동요
발 매 일: 2016.10.14.

229  독도는 우리땅

아티스트: Various Artists
장   르: 동요
발 매 일: 2016.10.14.

230  독도는 우리땅

아티스트: Various Artists
장   르: 동요
발 매 일: 2016.10.10.

231  독도로맨스

아티스트: 커피는 파란캔
장   르: 가요
발 매 일: 2016.9.22.

독도 love you 너는 나의 사랑
promise you 예쁜 너의 이름 찾아줄게
세상 그 누가 뭐래도
독도 독도 내사랑 내사랑 독도
어제는 많이 힘들었었지
내 사랑 너를 지켜주지 못해서
미안해 내가 이젠
꼭 너를 지켜줄게

어렸을 때부터 항상 너에 대해서
어른들이 하는 말 독도를 지켜라
오래전 삼국사기에도 적혀있는 너
이사부 어르신의 선물을 아껴라
이제는 알겠어
왜 그렇게 널 그렇게 아끼고
아끼라고 하셨는지
네 안에 있는
거북바위처럼 느려도
천천히 널 향해 걸을게
나 견우와 직녀처럼
언젠가 동도 나루터를 건너
서도 나루터까지 그 길 걸을거야
독도 love you 너는 나의 사랑
promise you 너의 예쁜 이름 찾아줄게
세상 그 누가 뭐래도
독도 독도 내사랑 내 사랑 독도
미안해 고마워 널 이제 꼭 찾을게
미치게 사랑한 그녀가 했던 말
그녀의 꿈은 독도에서
결혼식을 올리는 거라고
우스갯소리일 수도 있지만
정말 멋져
이제 그녀 내 옆에 없지만
그녀 꿈은 여기 내안에 있지 난
흑비둘기와 솔개의 축가를 들으며
사랑하는 사람들과
바닷바람 마실래
저 괭이갈매기처럼
멀리서 너를 지키고 있잖아
더는 걱정하지마 우리 함께니까
독도 love you 너는 나의 사랑
promise you 너의 예쁜 이름 찾아줄게
세상 그 누가 뭐래도

독도 독도 내사랑
누군가 널 탐내서
비 바람을 불러도
걱정하지마 우리 모두
항상 너의 우산이 될거야
독도 love you 너는 나의 사랑
promise you 너의 예쁜 이름 찾아줄게
세상 그 누가 뭐래도
독도 독도 내사랑
독도 love you 이제 약속할게
promise you 너의 예쁜 이름 지켜줄게
세상 그 누가 뭐래도
독도 독도 하나뿐인 내사랑 독도

232  독도는 우리땅

아티스트: Various Artists
장　　르: 동요
발 매 일: 2016.9.8.

233  독도는 우리땅

아티스트: Various Artists
장　　르: 동요
발 매 일: 2016.9.6.

234

독도대왕

아티스트: 그림(The 林)
장　　르: 가요
발 매 일: 2016.9.6.

235

독도는 우리땅

아티스트: Various Artists
장　　르: 동요
발 매 일: 2016.9.1.

236

독도는 우리땅

아티스트: Various Artists
장　　르: 동요
발 매 일: 2016.8.26.

237

독도는 우리땅

아티스트: Various Artists
장　　르: 동요
발 매 일: 2016.8.26.

238

독도 독도 독도야

아티스트: 김경민
장   르: 가요
발 매 일: 2016.8.18.

독도 독도 독도야 아름다운 섬 하나
우리 독도 우리가 지킨다 독도 독도 독도야
아름다운 섬 하나 아침의 나라 우리의 독도야
한 많은 세월 속에 아픈 상처 달래며
품에 안긴 우리의 독도 어느 날 갑자기 자기네 땅 하면서
내 마음을 울리고 있네 야 야야야야야
우리 독도 탐내지 마라 철새들의 보금자리
풀꽃 향기 반겨 주는 독도는 우리 땅이다
두 말하면 잔소리 갈매기도 웃는다
파도야 멈춰라 독도 독도 독도야
독도 독도 독도야 우리 독도 우리가 지킨다

독도 독도 독도야 아름다운 섬 하나
우리 독도 우리가 지킨다
독도 독도 독도야 아름다운 섬 하나
동해의 바다 우리의 보배야 한 많은 세월 속에
천년 만년 변함 없는
신비의 섬 우리의 독도
어느 날 갑자기 자기네 땅 하면서
내 마음을 울리고 있네
야 야야야야야
우리 독도 탐내지 마라
천연가스 황금어장
어부들의 노랫소리
독도는 우리 땅이다
두 말하면 잔소리

갈매기도 웃는다
파도야 멈춰라
독도 독도 독도야
독도 독도 독도야
우리 독도 우리가 지킨다

239

독도여

아티스트: 박승희
장   르: 가곡
발 매 일: 2016.8.18.

동해의 푸른 물결 밝은 해 솟아
민족의 가슴에 햇불 지피는 봉우리
망망대해 깊은 곳에 꼿꼿이 발을 딛고
겨레의 기상을 하늘 높이 빛내라 하네
영원히 지켜야 할 우리의 숨결이여
태고의 검은 물결 저녁 해 띄워
반도의 가슴에 등불 지피는
봉우리 잔잔한 파도 소리에
별빛 쏟아지는 아름답고 평화로운 세상 누리라 하네
영원히 지켜야 할 우리의 숨결이여

240

독도는 우리땅

아티스트: Various Artists
장   르: 동요
발 매 일: 2016.8.8.

241

독도는 우리땅

아티스트: Various Artists
장　　　르: 동요
발 매 일: 2016.7.29.

242

독도는 우리땅

아티스트: Various Artists
장　　　르: 동요
발 매 일: 2016.7.27.

243

독도는 우리땅

아티스트: Various Artists
장　　　르: 동요
발 매 일: 2016.7.26.

244

독도는 우리땅

아티스트: Various Artists
장　　　르: 동요
발 매 일: 2016.7.26.

245

독도는 우리땅

아티스트: Various Artists
장 르: 동요
발 매 일: 2016.7.26.

246

독도는 우리땅

아티스트: Various Artists
장 르: 동요
발 매 일: 2016.7.25.

247

독도는 우리땅

아티스트: Various Artists
장 르: 동요
발 매 일: 2016.7.22.

248

독도는 우리땅

아티스트: Various Artists
장 르: 동요
발 매 일: 2016.7.21.

249  독도는 우리땅

아티스트: Various Artists
장   르: 동요
발 매 일: 2016.7.21.

250  독도는 우리땅

아티스트: Various Artists
장   르: 동요
발 매 일: 2016.7.21.

251  독도는 우리땅

아티스트: Various Artists
장   르: 동요
발 매 일: 2016.7.20.

252  독도는 우리땅

아티스트: Various Artists
장   르: 동요
발 매 일: 2016.7.19.

253  **독도는 우리땅**

아티스트: Various Artists
장　　르: 동요
발 매 일: 2016.7.18.

254  **독도는 우리땅**

아티스트: Various Artists
장　　르: 동요
발 매 일: 2016.7.14.

255  **독도는 우리땅**

아티스트: Various Artists
장　　르: 동요
발 매 일: 2016.7.12.

256  **독도는 우리땅**

아티스트: Various Artists
장　　르: 동요
발 매 일: 2016.7.10.

257

독도는 우리땅

아티스트: Various Artists
장   르: 동요
발 매 일: 2016.7.10.

258

독도는 우리땅

아티스트: Various Artists
장   르: 동요
발 매 일: 2016.7.7.

259

독도는 우리땅

아티스트: Various Artists
장   르: 동요
발 매 일: 2016.7.7.

260

독도는 우리땅

아티스트: Various Artists
장   르: 동요
발 매 일: 2016.7.4.

261

**독도와 대마도는
　　　본래 우리 땅이다**

아티스트: 신수영
장　　르: 가곡
발 매 일: 2016.6.23.

독도는 본래 우리땅이다
대마도도 본래 우리땅이다
진실로 역사를 왜곡하느냐
눈물과 통한의 고통의 세월
너희들의 온갖 만행 기억하리라
너희들의 거짓과 위선을
역사 앞에 사죄하며 참회를 하며
살아가도 용서가 안되는 나라
우리는 똑똑히 기억하리라
대마도를 말없이 가져간 나라
반드시 찾아야 할 우리의 영토
우리는 대한의 아들 딸이다

262

독도송

아티스트: Beam's
장　　르: 가요
발 매 일: 2016.6.8.

너는 무슨 생각하고 있니 가끔은 불안해질 때가 있어
나를 소중히 생각은 하는 건지 날 바라봐줘

조금도 포기하지 말아줘 널 가지길 원하는 다른 사람들
니 곁에 있는 날 생각하지 못 할까
더 잘해주지 못 해서 미안해 혼자 두지 않을게
이젠 포기하지 말아줘 독도 나는 너와 함께 있어
대한 너 민국 너를 사랑해 독도
나는 대한민국만 생각해 영원히 forever
오랫동안 함께한 우리 사인데 누구나 다 아는 그런 우리 사이에
더 잘해주지 못 해서 미안해 혼자 두지 않을게
이젠 포기하지 말아줘 독도 나는 너와 함께 있어
대한 너 민국 너를 사랑해
독도 나는 대한민국만 생각해 영원히 forever
이제야 알았어 너의 진심 이제는 숨기지 않아 너의 진실
전심으로 사랑하며 아낄게 다신 누구도 넘보지 못 하도록
그동안 내가 안일했어 널 지키는 게 내 일인데
나 일 않았어 못 한만큼 이제 더 세게 안아줄게
책임지고 지킬게 모두에게 당당하게
너를 내 꺼라고 하면 많은 이가 비웃어
예전에 철없던 것처럼 처음부터 이처럼 했어야겠지
후회해도 지난 걸 돌이킬 순 없잖아
과거는 과거대로 앞으로의 나를 기대해도 좋아
혼자 두지 않아 나도 함께가 좋아
사랑할게 영원히 다 한다 해도 영혼이 닿는 데까지
내 힘이 끝날 때까지 게임이 독도 나는 너와 함께 있어
대한 너 민국 너를 사랑해
독도 나는 대한민국만 생각해 영원히 forever
사랑하는 맘을 늘 알았어 이젠 알아 그 마음 몰라 미안해
너의 사랑보다 더 사랑할게 그 사랑보다 더 뜨겁게 사랑할게
사랑하는 맘을 늘 알았어 이젠 알아 그 마음 몰라 미안해
너의 사랑보다 더 사랑할게 그 사랑보다 더 뜨겁게 사랑할게

263

독도는 우리땅

아티스트: Various Artists
장   르: 동요
발 매 일: 2016.6.7.

264

독도는 우리땅

아티스트: Various Artists
장   르: 동요
발 매 일: 2016.5.26.

265

독도는 우리땅

아티스트: Various Artists
장   르: 동요
발 매 일: 2016.5.26.

266

독도는 우리땅

아티스트: Various Artists
장   르: 동요
발 매 일: 2016.5.26.

267  **독도는 우리땅**

아티스트: Various Artists
장   르: 동요
발 매 일: 2016.5.26.

268  **독도는 우리땅**

아티스트: Various Artists
장   르: 동요
발 매 일: 2016.5.25.

269  **독도는 우리땅**

아티스트: Various Artists
장   르: 동요
발 매 일: 2016.5.25.

270  **독도는 우리땅**

아티스트: Various Artists
장   르: 동요
발 매 일: 2016.5.24.

271

독도는 우리땅

아티스트: Various Artists
장　　르: 동요
발 매 일: 2016.5.23.

272

독도는 우리땅

아티스트: Various Artists
장　　르: 동요
발 매 일: 2016.5.18.

273

독도는 우리땅

아티스트: Various Artists
장　　르: 동요
발 매 일: 2016.5.12.

274

독도는 우리땅

아티스트: Various Artists
장　　르: 동요
발 매 일: 2016.5.12.

275

독도는 우리땅

아티스트: Various Artists
장   르: 동요
발 매 일: 2016.5.12.

276

독도는 우리땅

아티스트: 루이동요
장   르: 동요
발 매 일: 2016.5.2.

277

독도는 우리땅

아티스트: Various Artists
장   르: 동요
발 매 일: 2016.5.1.

278

독도는 우리땅

아티스트: Various Artists
장   르: 동요
발 매 일: 2016.4.22.

279

독도는 우리땅

아티스트: Various Artists
장   르: 동요
발 매 일: 2016.4.20.

280

독도는 우리땅

아티스트: 도레미합창단
장   르: 동요
발 매 일: 2016.4.19.

281

독도는 우리땅

아티스트: 도레미합창단
장   르: 동요
발 매 일: 2016.4.14.

282

독도는 우리땅

아티스트: Various Artists
장   르: 동요
발 매 일: 2016.4.12.

283

독도는 우리땅

아티스트: Various Artists
장   르: 동요
발 매 일: 2016.4.11.

284

독도는 우리땅

아티스트: Various Artists
장   르: 동요
발 매 일: 2016.4.7.

285

독도는 우리땅

아티스트: Various Artists
장   르: 동요
발 매 일: 2016.4.5.

286

독도는 우리땅

아티스트: Various Artists
장   르: 동요
발 매 일: 2016.4.5.

287

독도는 우리땅

아티스트: Various Artists
장   르: 동요
발 매 일: 2016.4.5.

288

독도는 우리땅

아티스트: Various Artists
장   르: 동요
발 매 일: 2016.4.1.

289

독도는 우리땅

아티스트: Various Artists
장   르: 동요
발 매 일: 2016.3.29.

290

독도는 우리땅

아티스트: Various Artists
장   르: 동요
발 매 일: 2016.3.28.

291

쌍둥이 독도

아티스트: 김나현
장　　르: 동요
발 매 일: 2016.3.23.

백두산 뿌리하나 동해로 뻗어
예 좋다며 치솟아 동도 되었다
한라산 뿌리하나 동해로 뻗어
예 좋다며 치솟아 서도 되었다
밤이면 달빛 별빛 밝게 비추고
날아든 갈매기들 고향을 삼네 얼쑤!
푸른 바다 노래하는 대한의 독도
한반도의 해가 뜨는 쌍둥이 독도

292

독도는 우리땅

아티스트: Various Artists
장　　르: 동요
발 매 일: 2016.3.21.

293

독도는 우리땅

아티스트: Various Artists
장　　르: 동요
발 매 일: 2016.3.18.

294

독도 내 사랑

아티스트: 이시향
장   르: 가요
발 매 일: 2016.3.17.

사랑하네 독도를 사랑하네
대한 독도사랑 독도 내 사랑
사랑하네 독도를 사랑하네
대한 독도사랑 영원히 영원히 세계에 빛나네
코리아 동해바다 떠오르는 태양의 섬
1500년 전부터 우산이라 부르던 독도야
꼭봐라 봐라 세종실록지리지 50페이지 3째 줄에 써 있잖아
좀봐라 봐라 해저지명들도 한글로 등록 돼 있잖아
대한의 심장 지켜온 대한독도사랑
비바람 거센파도 외로움도 비켜라
1500년을 하루같이 독도에 살았네
강치처럼 대한 독도 사랑 강직해 영원히

사랑하네 독도를 사랑하네
대한 독도사랑 독도 내 사랑
사랑하네 독도를 사랑하네
대한 독도사랑 영원히 영원히 세계에 빛나네
울릉도 동남쪽 87.4㎞ 한 눈에도 보이는
엄연한 대한의 섬 독도야 알러뷰 알러뷰
동도서도 마주보며 450만년을 사랑하네
알러뷰 알러뷰 괭이갈매기도 강치도
다 아는 우리 땅
DOKDO Korea Dokdo in East Sea
하슬라 이사부의 독도복속 아느냐

1500년을 하루같이 독도에 살았네
강치처럼 대한 독도 사랑 강직해 영원히
코리아 독도 동해의 독도
Korea Dokdo in East Sea
대한 독도 사랑 영원히 세계에 빛나네
독도 내 사랑아

295  **독도는 우리땅**

아티스트: 러브동요
장   르: 동요
발 매 일: 2016.3.15.

296  **독도는 우리땅**

아티스트: Various Artists
장   르: 동요
발 매 일: 2016.3.11.

297  **독도는 우리땅**

아티스트: Various Artists
장   르: 동요
발 매 일: 2016.3.10.

298
독도는 우리땅

아티스트: 김진
장   르: 가요
발 매 일: 2016.3.8.

299
독도는 우리땅

아티스트: Various Artists
장   르: 동요
발 매 일: 2016.3.7.

300
독도는 우리땅

아티스트: Various Artists
장   르: 동요
발 매 일: 2016.3.7.

301
독도는 우리땅

아티스트: Various Artists
장   르: 동요
발 매 일: 2016.3.2.

302

독도는 우리땅

아티스트: Various Artists
장   르: 동요
발 매 일: 2016.2.29.

303

독도는 우리땅

아티스트: Various Artists
장   르: 동요
발 매 일: 2016.2.26.

304

독도는 우리땅

아티스트: Various Artists
장   르: 동요
발 매 일: 2016.2.26.

305

독도는 우리땅

아티스트: Various Artists
장   르: 동요
발 매 일: 2016.2.26.

306

독도는 우리땅

아티스트: Various Artists
장   르: 동요
발 매 일: 2016.2.25.

307

독도에 가고 싶어요

아티스트: 신현덕
장   르: 동요
발 매 일: 2016.2.24.

1. 보고 싶어요 가고 싶어요.
   햇빛 쏟아지는 푸른바다 끝
   우리땅 독도 아름다운 섬
   우리땅 지키려 독도에 가고 싶어요

2. 보고 싶어요 가고 싶어요
   태극기 펄럭이는 하늘 땅
   우리땅 봄여름 가을 겨울 꿈이 크는 섬
   우리나라 지키려 독도에 가고 싶어요

308  독도는 우리땅

아티스트: Various Artists
장　　르: 동요
발 매 일: 2016.2.23.

309  독도는 우리땅

아티스트: Various Artists
장　　르: 동요
발 매 일: 2016.2.22.

310  독도는 우리땅

아티스트: Various Artists
장　　르: 동요
발 매 일: 2016.1.29.

311  독도는 우리땅

아티스트: Various Artists
장　　르: 동요
발 매 일: 2016.1.25.

312

독도는 우리땅

아티스트: 유아동요
장　　르: 동요
발 매 일: 2016.1.22.

313

독도는 우리땅

아티스트: Various Artists
장　　르: 동요
발 매 일: 2016.1.20.

314

독도는 우리땅

아티스트: Various Artists
장　　르: 동요
발 매 일: 2016.1.8.

315

독도는 우리땅

아티스트: Various Artists
장　　르: 동요
발 매 일: 2016.1.7.

316 **독도는 우리땅**

아티스트: Various Artists
장　　르: 동요
발 매 일: 2016.1.6.

317 **독도는 우리땅**

아티스트: Various Artists
장　　르: 동요
발 매 일: 2016.1.4.

5. 2015년(12월~1월) 앨범 및 가사

318

독도는 우리땅

아티스트: Various Artists
장   르: 동요
발 매 일: 2015.12.31.

319

독도는 우리땅

아티스트: Various Artists
장   르: 동요
발 매 일: 2015.12.10.

320

독도는 우리땅

아티스트: Various Artists
장   르: 동요
발 매 일: 2015.12.2.

321

독도는 우리땅

아티스트: Various Artists
장   르: 동요
발 매 일: 2015.11.30.

322

독도는 우리땅

아티스트: Various Artists
장   르: 동요
발 매 일: 2015.11.30.

323

독도는 우리땅

아티스트: Various Artists
장   르: 동요
발 매 일: 2015.11.27.

324

독도는 우리땅

아티스트: Various Artists
장   르: 동요
발 매 일: 2015.11.26.

325

독도, 슬픔의 섬

아티스트: 김정현(김시형, 최정란)
장   르: 가곡
발 매 일: 2015.11.23.

너무 어두워 아무 것도 보이지 않아
의자는 굳어 돌이 되었네 심장이 돌이 된 채 나 돌 속에 앉아 있네
얼어붙은 단발머리 나부끼지 않네
더 이상 울지도 않네 눈물도 차가운 돌이 되었네
맨발의 소녀가 돌을 열고 걸어나오는 날을 기다리네
소녀야 일어나 소녀야 울음을 삼키는 소녀야
소녀야 울음이 목에 걸린 소녀야 소녀야 울어라 펑펑 울어라
돌이 녹아 강물로 흐르도록 강물이 어둠을 씻어내도록
눈물 씻은 맑은 하늘로 빛이 달려오도록
아름다운 이 땅에 더 이상 어둠 없도록

326

독도, 바람의 섬

아티스트: 김정현(김시형, 최정란)
장   르: 가곡
발 매 일: 2015.11.23.

눈을 감고 지친 몸을 바람에 맡기네
그리운 얼굴이 바람에 실려 오네
부드러운 손길이 내 얼굴을 만지네
머리카락 날리고 스카프 자락 날릴 때

그리워 그리워 내 그리움도 날리네
나 홀로 멀리와 그대를 생각하면
아무리 멀리 있어도 나 그대 곁이라네
멀리 있는 그대, 이 마음이 보이는가

날개 접고 지친 마음 바람에 맡기네
그리운 이름이 바람을 타고 오네
가까이 있어도 그대 멀기 만 해
꽃들 피어나고 새 나뭇잎들 흔들릴 때
가볍게 가볍게 내 마음도 흔들리네
그대의 향기로운 숨결이 되고 싶어
아무리 가까이 있어도 더 가깝고 싶은
사랑하는 그대, 이 숨결이 들리는가.

327

독도, 빛의 섬

아티스트: 김정현(김시형, 최정란)
장   르: 가곡
발 매 일: 2015.11.23.

지금 우리 사랑이 잠시
가파르고 지친다 해서
잊지는 마
우리 사랑이 뜨겁게 솟아오르는
활화산이었다는 것

태양은 파도를 가르며 변함없이
가파른 사랑의 동쪽 절벽 위로
붉게 솟아오르니

지금 우리 사랑에 잠시

먹구름 끼었다 해서
잊지는 마
먹구름 저 위 한 층 더 높이
태양이 빛나고 있다는 것

내 삶에 네가 빛이라는 것
네가 있어 내가 그림자라 해도
네가 있어 나는 어둠 속에서도
두려움 없다는 것

파도 거친 바다의 가파른 절벽으로
바람 속에 우뚝 선 네가
가슴 가득 사랑의 빛을 받아 안을 때
빛나는 너의 사랑으로,
나는 비로소 환하게 빛난다는 것

328  **독도, 기쁨의 섬**

아티스트: 김정현(김시형, 최정란)
장   르: 가곡
발 매 일: 2015.11.23.

달을 보며 너를 생각해
내가 보고 있는 달 함께 바라보는
너를 생각해

꽃을 보며 너를 생각해
내가 받은 햇빛 함께 받아 꽃 피우는
너를 생각해

숨을 쉬며 너를 생각해

내가 숨 쉬는 공기 함께 숨쉬는
너를 생각해

한 순간도 너를 숨쉬기를
그친 적 없으니

바람의 숨결에
안개의 눈 속에
저 푸른 하늘 빛나는 별들에
파도의 노래에
구름의 춤 속에
날 사랑하는 네가 있으니

네가 있는 곳 내가 있는 곳이니
나 언제나 거기, 네 곁에 서 있으니
네 생각에 두근거리는
내 가슴에 네가 함께 있으니

329

우리의 독도, 아픔의 사랑이여

아티스트: 이미경

장   르: 가곡

발 매 일: 2015.11.18.

동해의 끝자락 아슴한 수평선에
독도는 강건한 수직의 등뼈여라
화산폭발의 불길에서 태어나
수 백 만년 미리부터 이 나라 기다렸다
아 아 아 독도 우리의 독도
대한민국의 유구한 축복
아 아 독도 우리의 독도
이리 늦게 고백하는

아픈 사랑이여

번개와 폭풍우 사철 사나운 파도
독도는 인내와 극복을 일깨운다
불굴의 의지와 자존의 표상으로
수 백 만년 훗날까지 이 겨레 지켜주리
아 아 아 독도 우리의 독도
대한민국의 유구한 축복
아 아 독도 우리의 독도
이리 늦게 고백하는
아픈 사랑이여
이리 늦게 고백하는
아픈 사랑이여

330  ### 독도는 우리땅

아티스트: 동요노래
장   르: 동요
발 매 일: 2015.11.16.

331  ### 아! 독도여

아티스트: 정윤승
장   르: 가요(트로트)
발 매 일: 2015.11.12.

1. 동해에 검푸른 바다위에 우뚝솟은 두 바위 있어
   아름다운 자태가 신랑과 신부, 동도와 서도로구나

아름다운 섬, 저들의 마음을 설래이게 하였구나
가슴속에 한이 맺힌 한민족은 분노한다.

2. 동해에 바람은 거세게 불고
   갈매기떼 날아들고
   저 멀리서 파도가 밀려오는 대한민국 동해의 독도
   아름다운 섬, 저들의 마음을 설레이게 하였구나
   가슴속에 한이 맺힌 한민족은 분노한다.

332

독도는 우리땅

아티스트: Various Artists
장   르: 동요
발 매 일: 2015.11.6.

333

독도는 우리땅

아티스트: Various Artists
장   르: 동요
발 매 일: 2015.11.2.

334

독도는 우리땅

아티스트: Various Artists
장   르: 동요
발 매 일: 2015.10.30.

335  독도는 우리땅

아티스트: Various Artists
장   르: 동요
발 매 일: 2015.10.28.

336  독도는 우리땅

아티스트: Various Artists
장   르: 동요
발 매 일: 2015.10.26.

337  우리땅 독도

아티스트: 졸탄
장   르: 가요
발 매 일: 2015.10.23.

독도 독도 독도 독도 독도 독도
달려가자 독도 독도 독도 독도 독도 독도
나와 함께독도 독도 독도 독도 독도 독도
누가 뭐래도 독도 독도 독도 독도 독도 독도
우리의 땅 동해바다 한가운데
화산폭발 우르르 쾅쾅 용암발생 독도탄생
천연기념물 336호 독도야 환영한다 반가워

시골 영감 처음 타는 기차놀이는 아니더라도 깎아 줘
대한민국 사람이면 한 번은 가봐야 않겠소
같이 갈래 지금부터 출발하려 하오니
꽉 잡으시오 출발 혹시 해서 미리 말하는데 멀미 조심하세요
선착장에 도착해서 배를 타고 떠나 보자
갈매기도 신이 나서 우릴 반겨 주는 구나
어느새 너의 모습에 우리 모두 반했구나
이제야 오는구나 미안하다 독도야
날씨 좋은 맑은 날엔 울릉도서 보이는 너
애국가가 나도 모르게 흘러나오는구나
대한민국 국민이면 한 번쯤은 꼭 와 보자
우리나라 동쪽 끝 87.4 Km 독도 경비대 하사관
로봇 태권 브이 거북선 타고 순찰 중이신 장군 이순신
내 맘에 쏙 들어온 Blue Ocean Island 여객선 타고 이리 오셔
둘도 셋도 넷도 없는 우리 땅 독도 독도 독도 독도 독도 독도
달려가자 독도 독도 독도 독도 독도 독도
나와 함께 독도 독도 독도 독도 독도 독도
누가 뭐래도 독도 독도 독도 독도 독도 독도
우리의 땅 일년 중 널 볼 수 있는 허락된 날 오직 90일
대한민국 국민이면 누구나 다 갈 수 있는 땅
독도야 내가 간다 기다려
경상북도 울릉군 독도리 동쪽 끝 독도야
울릉도 통해서만 독도로 간다네 고고
대구 명태 연어 오징어 많구나 많아 우와
두근두근 울렁울렁대면 저 내려요
동도와 서도 두 개로 나누어진 섹시한 섬
해산물이 넘쳐나는 풍요로운 우리의 섬
다양한 어종의 우리 황금어장 보물섬
영원히 지켜줄게 사랑한다 독도야
천연자원이 넘쳐나는 우리의 고귀한 섬
에너지가 풍부한 꿈의 섬 하이드레이트
누구도 살 순 없지만 공시지가 42억
아름다운 우리 땅 독도야 널 지켜줄게
대한제국 칙령 제 41호 반포 독도를 한국 영토로

전 세계에 공표했지 천연기념물 한 폭의 그림이지 왠지 모를 뭉클함
둘도 셋도 넷도 없는 우리 땅 독도 독도 독도 독도 독도 독도
달려가자 독도 독도 독도 독도 독도 독도
나와 함께 독도 독도 독도 독도 독도 독도
누가 뭐래도 독도 독도 독도 독도 독도 독도 우리의 땅

338  **독도는 우리땅**

아티스트: Various Artists
장   르: 동요
발 매 일: 2015.10.23.

339  **독도는 우리땅**

아티스트: Various Artists
장   르: 동요
발 매 일: 2015.10.21.

340  **독도는 우리땅**

아티스트: Various Artists
장   르: 동요
발 매 일: 2015.10.20.

341

활활활(독도의 태양)

아티스트: 김동희
장　　르: 가요
발 매 일: 2015.10.14.

독도를 지나 이어도라 아름다운 내 님의 강산이라
동에 번쩍 서에 번쩍 활활활 활활활 활활활
타오르는 뜨거운 나의 마음은 동쪽에서 떠오릅니다
해야 해이 활활활 타오르며 서쪽으로 원을 그리죠
해이해이해이 활활활 내 가슴은 눈부신 햇살입니다
그대만을 사랑합니다 해야 해야 활활활
당신 위해 영원히 꺼지지 않을 겁니다
매일 매일 해는 동쪽에서 서쪽으로 기우는데
내일은 해가 서쪽에서 뜬다 해도 사실이죠
내 사랑하는 이 가슴은 동서남북 끝이 없어요
활활활 활활활 뜨겁게 타오르죠
활활활 동쪽에선 동해 바다 서쪽에선 서해 바다
북쪽에선 백두산 남쪽에선 한라산 독도를 지나 이어도라
아름다운 내 님의 강산이라 동서남북 어디라도 나의 사랑
　　활활활 타오릅니다
타오르는 내 가슴을 받아 줘요
동에 번쩍 서에 번쩍 활활활 독도를 지나 이어도라
아름다운 내 님의 강산이라 동에 번쩍 서에 번쩍
활활활 활활활 활활활 타오르는 뜨거운 나의 마음은 독도에서
　　떠오릅니다
해야 해이 활활활 타오르며 이어도로 원을 그리죠
해이해이해이 활활활 내 가슴은 눈부신 햇살입니다
그대만을 사랑합니다 해야 해야 활활활 당신 위해 영원히
　　꺼지지 않을 겁니다
매일 매일 해는 동쪽에서 서쪽으로 기우는데
내일은 해가 서쪽에서 뜬다 해도 사실이죠

내 사랑하는 이 가슴은 동서남북 끝이 없어요
활활활 활활활 뜨겁게 타오르죠
활활활 동쪽에선 동해 바다 서쪽에선 서해 바다
북쪽에선 백두산 남쪽에선 한라산 독도를 지나 이어도라
아름다운 내 님의 강산이라 동서남북 어디라도 나의 사랑
　활활활 타오릅니다
타오르는 내 가슴을 받아 줘요 동에 번쩍 서에 번쩍 활활활
동에 번쩍 서에 번쩍 활활활 활활활

342
독도는 우리땅

아티스트: Various Artists
장　　르: 동요
발 매 일: 2015.10.12.

343
독도는 우리땅

아티스트: Various Artists
장　　르: 동요
발 매 일: 2015.10.12.

344
독도는 우리땅

아티스트: Various Artists
장　　르: 동요
발 매 일: 2015.10.12.

345  독도는 우리땅

아티스트: Various Artists
장   르: 동요
발 매 일: 2015.10.7.

346  독도는 우리땅

아티스트: Various Artists
장   르: 동요
발 매 일: 2015.10.6.

347  독도는 우리땅

아티스트: Various Artists
장   르: 동요
발 매 일: 2015.10.5.

348  독도는 우리땅

아티스트: Various Artists
장   르: 동요
발 매 일: 2015.10.2.

349  독도는 우리땅

아티스트: Various Artists
장   르: 동요
발 매 일: 2015.10.1.

350  독도는 우리땅

아티스트: Various Artists
장   르: 동요
발 매 일: 2015.9.30.

351  독도는 우리땅

아티스트: Various Artists
장   르: 동요
발 매 일: 2015.9.22.

352  독도는 우리땅

아티스트: Various Artists
장   르: 동요
발 매 일: 2015.9.17.

353

독도는 우리땅

아티스트: Various Artists
장   르: 동요
발 매 일: 2015.9.14.

354

독도는 우리땅

아티스트: Various Artists
장   르: 동요
발 매 일: 2015.9.12.

355

독도는 우리땅

아티스트: Various Artists
장   르: 동요
발 매 일: 2015.9.3.

356

독도는 우리땅

아티스트: Various Artists
장   르: 동요
발 매 일: 2015.9.2.

357

독도는 우리땅

아티스트: Various Artists
장　　르: 동요
발 매 일: 2015.9.1.

358

독도는 우리땅

아티스트: Various Artists
장　　르: 동요
발 매 일: 2015.8.27.

359

독도는 우리땅

아티스트: Various Artists
장　　르: 동요
발 매 일: 2015.8.26.

360

독도는 우리땅

아티스트: Various Artists
장　　르: 동요
발 매 일: 2015.8.24.

361 독도는 우리땅

아티스트: Various Artists
장   르: 동요
발 매 일: 2015.7.28.

362 독도의 밝은 아침

아티스트: 동요친구들
장   르: 동요
발 매 일: 2015.7.24.

출렁출렁 출렁출렁 밀려오는 파도는
독도 섬에 앉는 바위 두드리며 인사를 하죠
싱그러운 풀잎도 흔들흔들고개 숙여 반갑게 아침 인사를 해요
독도야 안녕 잘 잤니 끼룩끼룩 괭이갈매기
아리랑 춤을 추며 위잉위잉 바람은 노래를 불러 주네
둥실둥실 구름이 반주를 하며 독도의 아침을 열어 주네요
출렁출렁 출렁출렁 밀려오는 파도는 독도 섬의 밝은 아침 열어
  주지요
독도의 밝은 아침 독도의 밝은 아침

363

독도는 우리땅

아 티 스 트: Various Artists
장   르: 동요
발 매 일: 2015.7.22.

364

독도아리랑

아 티 스 트: 채림
장   르: 가요
발 매 일: 2015.7.17.

아리랑 아리랑 아라리요
영원한 대한의 섬 우리의 독도
겨레의 혼 이어져 앞날을 밝히는 동해가 품은 섬 우리의 독도
민족의 아침이 시작되는 곳 빛나라 아리랑 우리의 독도
아리랑 아리랑 아라리요
영원한 대한의 섬 우리의 독도
아리랑 아리랑 아라리요
영원한 대한의 섬 우리의 독도
겨레의 혼 이어져 앞날을 밝히는
동해가 품은 섬 우리의 독도
민족의 아침이 시작되는 곳 빛나라 아리랑 우리의 독도
아리랑 아리랑 아라리요
영원한 대한의 섬 우리의 독도
영원한 대한의 섬 우리의 독도
영원한 대한의 섬 우리의 독도

365

독도는 우리땅

아티스트: Various Artists
장   르: 동요
발 매 일: 2015.7.17.

366

독도는 우리땅

아티스트: Various Artists
장   르: 동요
발 매 일: 2015.7.14.

367

독도는 우리땅

아티스트: Various Artists
장   르: 동요
발 매 일: 2015.7.8.

368

독도는 우리땅

아티스트: Various Artists
장   르: 동요
발 매 일: 2015.7.7.

369

독도는 우리땅

아티스트: Various Artists
장　　르: 동요
발 매 일: 2015.7.3.

370

독도는 우리땅

아티스트: Various Artists
장　　르: 동요
발 매 일: 2015.7.2.

371

독도는 우리땅

아티스트: Various Artists
장　　르: 동요
발 매 일: 2015.6.29.

372

독도는 우리땅

아티스트: Various Artists
장　　르: 동요
발 매 일: 2015.6.26.

373

독도는 우리땅

아티스트: Various Artists
장   르: 동요
발 매 일: 2015.6.23.

374

독도는 우리땅

아티스트: Various Artists
장   르: 동요
발 매 일: 2015.6.12.

375

독도는 우리땅

아티스트: 동요합창단
장   르: 동요
발 매 일: 2015.6.12.

376

독도기행

아티스트: 서생원가족(박인호)
장   르: 가요
발 매 일: 2015.6.12.

1. 외로워서 독도라고 말했나
   돌이 많아 독도라고 말했나
   아주 오래전부터 대대손손 이어가는
   아름답고 신비스런 바위섬
   우린 지금 그곳 향해 떠나네
   흥겨워서 모두 노래 부르며
   푸른파도 해치며 거침없이 나가자

2. 이름 모를 바다 새도 반기네
   저것이 동해에 외로운 섬하나
   우린 다 그 섬을 사랑해
   아득한 예부터 조상의 놋소리
   그곳을 우리는 사랑해

377

독도찬가

아티스트: 소리나(손기복, 임정호)
장   르: 가요
발 매 일: 2015.6.11.

출렁출렁 파도치는 독도로 가자
찬눈 바람을 이겨내며 동해바다를 지켜온 넌
자랑스러운 우리의 한반도 코리아 섬마을이라네

백두대간 가슴에 품고 방가지꽃 아름답게 피우며
변하지 않는 젊은 모습 그대로 보여주는 독도야
너는 이제 외롭지 않으리라
항구에 울리는 뱃고동소리 사계절 멈추지 않으며 너와 함께 가리라

출렁출렁 배띄워라 독도로 가자
찬눈 바람을 이겨내며 동해바다를 지켜온 너는
자랑스러운 우리의 한반도 코리아 섬 마을이라네

378

독도는 우리땅

아티스트: Various Artists
장　　르: 동요
발 매 일: 2015.6.11.

379

독도는 우리땅

아티스트: 동요방송
장　　르: 동요
발 매 일: 2015.6.11.

380

독도는 우리땅

아티스트: 동요방송
장　　르: 동요
발 매 일: 2015.6.10.

381

독도송

아티스트: 윤필
장　　르: 가요
발 매 일: 2015.6.9.

바람부는 독도등대에 휘몰아치는 독도등대에
파도치는 독도등대에 거친 세찬밤 독도등대에
칼바람아 거 숨죽인날 울리지마라 (왜)
날선파도야 거 서있는날 흔들지마라

성난파도에 외로운 물새한마리
잿빛하늘에 한조각 구름떠가는데
공선아 너는 아냐 만선아 너는 아냐
헤치며 비추며 나도나도 간다

달무리야 멍든 내가슴 비추지마라 (왜)
거 별무리야 모진 내인생 비웃지마라
더 이상 나를 세치로 흔들지마

382  독도는 우리땅

아티스트: Various Artists
장   르: 동요
발 매 일: 2015.6.8.

383  독도는 우리땅

아티스트: Various Artists
장   르: 동요
발 매 일: 2015.6.5.

384

독도는 우리땅

아티스트: Various Artists
장　르: 동요
발 매 일: 2015.6.5.

385

독도는 우리땅

아티스트: Various Artists
장　르: 동요
발 매 일: 2015.6.4.

386

독도는 우리땅

아티스트: Various Artists
장　르: 동요
발 매 일: 2015.6.4.

387

독도잠자리

아티스트: 박혜민
장　르: 동요
발 매 일: 2015.5.29.

1. 외딴섬엔 없을 거라 생각했는데
   독도에도 잠자리는 살고 있더라
   선녀처럼 신선처럼 살고 있더라
   독도 하늘 지키는 비행기 되어
   여기는 우리의 땅 우리 대한 땅
   외치며 외치면서 날고 있더라.

2. 연못도 강도 없는 바위 섬인데
   그런데도 잠자리는 살고 있더라
   용하게도 자리 잡고 살고 있더라
   대한의 땅 대한 겨레 한 식구 되어
   그 누구도 우리의 땅 넘보지 마라
   외치며 외치면서 날고 있더라.

388  **독도는 우리땅**

아티스트: Various Artists
장   르: 동요
발 매 일: 2015.5.26.

389  **독도는 우리땅**

아티스트: Various Artists
장   르: 동요
발 매 일: 2015.5.21.

390

독도와 대마도는 우리땅

아티스트: 능인스님
장   르: 가요
발 매 일: 2015.5.20.

오오오예 독도는 우리땅
오오오예 대마도도 우리땅
그 누가 뭐래도 독도는 우리땅
오오오예 대마도도 우리땅
그 누가 뭐래도 모두모두 우리땅
아베 아베 아베가 아파 욕심 부리면 배가 아파
삼십육년도 모자라서 독도망언에 국제망신
우리모두 손에 손잡고 한마음 한뜻으로 뭉쳐 뭉쳐
대마도를 다시 찾고 독도를 지키자 지켜
그누가 뭐래도 독도는 우리땅
대마도도 우리 땅 다시 찾아 지키자

391

독도는 우리땅

아티스트: Various Artists
장   르: 동요
발 매 일: 2015.5.19.

392

독도는 우리땅

아티스트: 윤서현
장   르: 동요
발 매 일: 2015.5.18.

393

독도아리랑

아티스트: 김성봉
장   르: 가요
발 매 일: 2015.5.15.

아리 아리 아리랑 아라리가 났네
아리아리 고개로 날아드는 갈매기

1. 해가 뜨나 달이 뜨나 우리 땅 독도
   출렁출렁 파도 속에 외로움 싣고
   물고기도 웃고 있소 헛소리 말아
   본 향은 대한민국 고향 울릉도
   그누가 뭐라해도 독도는 우리땅
   어머님의 치마폭을 잡고 잡았네

2. 뱃고동 소리마다 그리움 담아
   바람에 펄럭이는 태극기 물결
   체구는 작으나마 자존은 있어
   꼿꼿한 기상인줄 우린 알았네
   아침해 저녁달도 놀다가 기세
   다 같이 불러보는 독도의노래

3. 외로움 달래보는 물고기들아
   찾아가세 찾아가 독도 선착장
   남에 땅 탐낸다고 네것이 되나
   하늘도 아는 사실 꿈을 깹시다
   우리 모두 다 같이 하나된 마음
   입을모아 불러보세 독도의 노래

394  독도는 우리땅

아티스트: Various Artists
장   르: 동요
발 매 일: 2015.5.14.

395  독도는 우리땅

아티스트: 창의력 개발동요
장   르: 동요
발 매 일: 2015.5.11.

396  독도는 우리땅

아티스트: 동요사랑회
장   르: 동요
발 매 일: 2015.5.4.

397 독도는 우리땅

아티스트: 윤서현
장   르: 동요
발 매 일: 2015.5.1.

398 독도는 우리땅

아티스트: Various Artists
장   르: 동요
발 매 일: 2015.4.24.

399 독도는 우리땅

아티스트: Various Artists
장   르: 동요
발 매 일: 2015.4.23.

400 독도는 우리땅

아티스트: Various Artists
장   르: 동요
발 매 일: 2015.4.20.

401

독도는 우리땅

아티스트: Various Artists
장　　르: 동요
발 매 일: 2015.4.3.

402

독도는 우리땅

아티스트: 율동동요
장　　르: 동요
발 매 일: 2015.4.1.

403

독도는 우리땅

아티스트: 라이즈
장　　르: 동요
발 매 일: 2015.4.1.

404

독도는 우리땅

아티스트: Various Artists
장　　르: 동요
발 매 일: 2015.3.27.

405  독도는 우리땅

아티스트: Various Artists

장　　르: 동요

발 매 일: 2015.3.25.

406  독도는 우리땅

아티스트: Various Artists

장　　르: 동요

발 매 일: 2015.3.25.

407  독도는 우리땅

아티스트: Various Artists

장　　르: 동요

발 매 일: 2015.3.23.

408 독도는 우리땅

아티스트: Various Artists

장　　르: 동요

발 매 일: 2015.3.19.

409  **독도는 우리땅**

아티스트: Various Artists
장　　　르: 동요
발 매 일: 2015.3.18.

410  **독도는 우리땅**

아티스트: 동요음악회
장　　　르: 동요
발 매 일: 2015.3.16.

411 **독도 독도 독도야**

아티스트: Various Artists
장　　　르: 가요
발 매 일: 2015.3.16.

독도 독도 독도야 아름다운 섬 하나
우리 독도 우리가 지킨다
독도 독도 독도야 아름다운 섬 하나
아침의 나라 우리의 독도야
한 많은 세월 속에 아픈 상처 달래며
품에 안긴 우리의 독도
어느 날 갑자기 자기네 땅 하면서

내 마음을 울리고 있네
야 야야야야야
우리 독도 탐내지 마라 철새들의 보금자리
풀꽃향기 반겨주는 독도는 우리 땅이다
두말하면 잔소리 갈매기도 웃는다
파도야 멈춰라 독도 독도 독도야
독도 독도 독도야
우리 독도 우리가 지킨다
독도 독도 독도야
아름다운 섬 하나 우리 독도 우리가 지킨다
독도 독도 독도야
아름다운 섬 하나 동해의 바다 우리의 보배야
한 많은 세월 속에 천 년 만 년 변함없는
신비의 섬 우리의 독도
어느 날 갑자기 자기네 땅 하면서
내 마음을 울리고 있네
야 야야야야야
우리 독도 탐내지 마라 천연가스 황금어장
어부들의 노랫소리 독도는 우리 땅이다
두말하면 잔소리 갈매기도 웃는다
파도야 멈춰라 독도 독도 독도야
독도 독도 독도야 우리 독도 우리가 지킨다

412  **독도는 우리땅**

아티스트: Various Artists
장   르: 동요
발 매 일: 2015.3.12.

413

독도는 우리땅

아티스트: 전국동요나라
장   르: 동요
발 매 일: 2015.3.10.

414

독도는 우리땅

아티스트: Various Artists
장   르: 동요
발 매 일: 2015.3.5.

415

독도는 우리땅

아티스트: Various Artists
장   르: 동요
발 매 일: 2015.3.3.

416

독도, 빛의 섬

아티스트: 김시형
장   르: 가요
발 매 일: 2015.2.16.

지금 우리 사랑이 잠시 가파르고 지친다해서 잊지는 마
우리 사랑이 뜨겁게 솟아오르는 활화산이었다는 것
태양은 파도를 가르며 변함없이 가파른 사랑의 동쪽
절벽 위로 붉게 솟아오르니 지금 우리 사랑에
잠시 먹구름 끼었다 해서 잊지는 마
먹구름 저 위 한 층 더 높이 태양이 빛나고 있다는 것
내 삶에 네가 빛이라는 것 네가 있어 내가 그림자라 해도
네가 있어 나는 어둠 속에서도 두려움 없다는 것
파도 거친 바다의 가파른 절벽으로 바람 속에 우뚝 선 네가
가슴 가득 사랑의 빛을 받아 안을 때
빛나는 너의 사랑으로 나는 비로소 환하게 빛난다는 것
  빛난다는 것

417

영원하라, 독도여

아티스트: 권순동
장   르: 가곡
발 매 일: 2015.2.12.

삼천리 이 강산에 바위섬 하나 대한에 또 하나의 뜨거운 심장
검푸른 동해바다 꿈에 안고서 대한 우산봉이 우뚝 솟았네
아아 겨레에 그 큰 이 기상 누가 막으리오
천년만년 우리와 함께 영원하라 독도여

418  독도는 우리땅

아티스트: Various Artists
장   르: 동요
발 매 일: 2015.2.10.

419  별들의 춤: 독도의 밤하늘

아티스트: 한돌
장   르: 연주곡
발 매 일: 2015.2.3.

420 독도, 기쁨의 섬

아티스트: 김시형
장   르: 가요
발 매 일: 2015.2.2.

달을 보며 너를 생각해 내가 보고 있는 달
함께 바라보는 너를 생각해
꽃을 보며 너를 생각해 내가 받은 햇볕 함께 받아
꽃 피우는 너를 생각해 숨을 쉬며 너를 생각해
내가 숨 쉬는 공기 함께 숨쉬는 너를 생각해
한 순간도 너를 숨쉬기를 그친 적 없으니
바람의 숨결에 안개의 눈 속에

저 푸른 하늘 빛나는 별들에
파도의 노래에 구름의 춤 속에
날 사랑하는 네가 있으니 네가 있는 곳 내가 있는 곳이니
나 언제나 거기 네 곁에 서 있으니
네 생각에 두근거리는 내 가슴에 네가 함께 있으니

421

독도는 우리땅

아티스트: 노래동요
장   르: 동요
발 매 일: 2015.1.29.

422

독도는 우리땅

아티스트: Various Artists
장   르: 동요
발 매 일: 2015.1.22.

423

독도, 슬픔의 섬

아티스트: 김시형
장   르: 가요
발 매 일: 2015.1.19.

너무 어두워 아무 것도 보이지 않아

의자는 굳어 돌이 되었네
심장이 돌이 된 채 나 돌 속에 앉아 있네
얼어붙은 단발머리 나부끼지 않네
더 이상 울지도 않네 눈물도 차가운 돌이 되었네
맨발의 소녀가 돌을 열고 걸어나오는 날을 기다리며
소녀야 소녀야 소녀야 울음을 삼키는 소녀야
소녀야 울음이 목에 걸린 소녀야
소녀야 울어라 펑펑 울어라
돌이 녹아 강물로 흐르도록 강물이 어둠을 씻어내도록
눈물 씻은 맑은 하늘로 빛이 달려오도록
아름다운 이 땅에 더 이상 어둠 없도록

424

독도는 우리땅

아티스트: Various Artists
장   르: 동요
발 매 일: 2015.1.16.

425

독도는 우리땅

아티스트: Various Artists
장   르: 동요
발 매 일: 2015.1.9.

426

내 사랑, 독도

아티스트: 이태환
장   르: 가요
발 매 일: 2015.1.7.

천명이오~~~ 독도는 하늘의 명을 받으라~~~
독도를 대한민국에 영원한 영토로 천명 하노라~~~ 천명이요~~~

비바람을 이겨내며 동해 바다를 지켜온 독도~~~
자랑스런 우리의 한반도 코리아 독도야~~
백두대간 가슴에 품고 방가지꽃 아름답게 피우며
변치않은 젊은모습 그대로 보여주는 독도야~~~
독도야 너는 이제 외롭지 않으리라 (않으리라)
너를 지켜 주기위에우리가 있어줄게 (있어줄게)
독도야 너는 이제 외롭지 않으리라 (않으리라)
너를 지켜 주기위에 이렇게 외쳐본다. (외쳐본다)
독도는 우리땅 독도는 우리땅 내사랑독도 내사랑 독도

눈바람을 이겨내며 동해 바다를 지켜온 독도~~~
자랑스런 우리의 한반도 코리아 독도야~~~
백두대간 가슴에 품고 해국꽃 아름답게 피우며
변치않은 젊은 모습 그대로 보여주는 독도야~~~
독도야 너는 이제 외롭지 않으리라 (않으리라)
너를 지켜 주기위에우리가 있어줄게 (있어줄게)
독도야 너는 이제 외롭지 않으리라 (않으리라)
너를 지켜 주기위에 이렇게 외쳐본다. (외쳐본다)
독도는 우리땅 대한민국 우리땅 내사랑독도 내사랑 독도~~~
독도는 우리땅 독도는 우리땅~~~ 내사랑 독도
대한민국 우리땅~~~ 독도는 우리땅

427

독도, 바람의 섬

아티스트: 김시형
장   르: 가요
발 매 일: 2015.1.5.

눈을 감고 지친 몸을 바람에 맡기네
그리운 얼굴이 바람에 실려 오네
부드러운 손길이 내 얼굴을 만지네
머리카락 날리고 스카프 자락 날릴 때
그리워 그리워 내 그리움도 날리네
나 홀로 멀리와 그대를 생각하면
아무리 멀리 있어도 나 그대 곁이라네
멀리있는 그대 이 마음이 보이는가
날개 접고 지친 마음 바람에 맡기네
그리운 이름이 바람을 타고 오네
가까이 있어도 그대 멀기만 해
꽃들 피어나고 새 나뭇잎들 흔들릴 때
가볍게 가볍게 내 마음도 흔들리네
그대의 향기로운 숨결이 되고싶어
아무리 가까이 있어도 더 가깝고 싶은
사랑하는 그대 이 숨결이 들리는가

6. 2014년도(12월~1월) 앨범 및 가사

428

독도는 우리땅

아티스트: 새콤달콤 기즈 싱어즈
장   르: 동요
발 매 일: 2014.12.26.

429

독도는 우리땅

아티스트: Various Artists
장   르: 동요
발 매 일: 2014.12.23.

430

독도는 우리땅

아티스트: Various Artists
장   르: 동요
발 매 일: 2014.12.22.

431 　　　독도는 우리땅

아티스트: Various Artists
장　　　르: 동요
발 매 일: 2014.12.10.

432 　　　독도는 우리땅

아티스트: Various Artists
장　　　르: 동요
발 매 일: 2014.12.8.

433 　　　독도는 우리땅

아티스트: Various Artists
장　　　르: 동요
발 매 일: 2014.12.1.

434 　　　독도는 우리땅

아티스트: Various Artists
장　　　르: 동요
발 매 일: 2014.11.21.

435  독도는 우리땅

아티스트: Various Artists
장   르: 동요
발 매 일: 2014.11.19.

436  독도는 우리땅

아티스트: Various Artists
장   르: 동요
발 매 일: 2014.11.11.

437  독도는 우리땅

아티스트: Various Artists
장   르: 동요
발 매 일: 2014.11.11.

438  독도는 우리땅

아티스트: Various Artists
장   르: 동요
발 매 일: 2014.11.6.

439

독도는 우리땅

아티스트: Various Artists
장   르: 동요
발 매 일: 2014.11.3.

440

독도는 우리땅

아티스트: Various Artists
장   르: 동요
발 매 일: 2014.10.27.

441

독도는 우리땅

아티스트: Various Artists
장   르: 동요
발 매 일: 2014.10.24.

442

독도 독도 독도야

아티스트: 김경민
장   르: 가요
발 매 일: 2014.10.21.

독도 독도 독도야, 아름다운 섬 하나, 우리 독도 우리가 지킨다
독도 독도 독도야, 아름다운 섬 하나, 아침의 나라 우리의 독도야
한 많은 세월 속에, 아픈 상처 달래며, 품에 안긴 우리의 독도
어느 날 갑자기 자기네 땅 하면서, 내 마음을 울리고 있네
야 야야야야야, 우리 독도 탐내지 마라
철새들의 보금자리, 풀꽃 향기 반겨 주는, 독도는 우리 땅이다
두 말하면 잔소리, 갈매기도 웃는다, 파도야 멈춰라
독도 독도 독도야, 독도 독도 독도야
우리 독도 우리가 지킨다, 독도 독도 독도야
아름다운 섬 하나, 우리 독도 우리가 지킨다
독도 독도 독도야, 아름다운 섬 하나, 동해의 바다 우리의 보배야
한 많은 세월 속에, 천년 만년 변함 없는, 신비의 섬 우리의 독도
어느 날 갑자기 자기네 땅 하면서, 내 마음을 울리고 있네
야 야야야야야, 우리 독도 탐내지 마라
천연가스 황금어장, 어부들의 노랫소리, 독도는 우리 땅이다
두 말하면 잔소리, 갈매기도 웃는다, 파도야 멈춰라
독도 독도 독도야, 독도 독도 독도야, 우리 독도 우리가 지킨다

443

독도사랑

아티스트: 김경민
장   르: 가요
발 매 일: 2014.10.21.

우기지 마라 제발 좀, 남의 땅 탐내지 말고
허튼 소리 하지 말고 정신 차려라
멋대로 역사 왜곡, 제 멋대로 다 해 놓고
동네 방네 매달리며 흔들어 봐도, 천년 만년 변치 않는 독도는
  우리 땅이다
아름다운 대한민국, 민족의 섬 우리 독도 독도는 우리 땅이다
넘보지 마라 제발 좀, 남의 땅 탐내지 말고

허튼 소리 하지 말고 정신 차려라
멋대로 역사 왜곡 제 멋대로 다 해 놓고
동네 방네 매달리며 흔들어 봐도 천년 만년 변치 않는 독도는
　우리 땅이다
아름다운 대한민국 민족의 섬 우리 독도 독도는 우리 땅이다
아름다운 대한민국 민족의 섬 우리 독도 독도는 우리 땅이다

444

독도는 우리땅

아티스트: Various Artists
장　　르: 동요
발 매 일: 2014.10.10.

445

독도는 우리땅

아티스트: Various Artists
장　　르: 동요
발 매 일: 2014.10.8.

446

나의 독도여

아티스트: 신풍
장　　르: 가요
발 매 일: 2014.10.6.

동해 푸른 바다 한 가운데 오롯이 서있는 섬 독도여!
바다를 이불삼고, 파도를 배게 삼아 햇살아래 누워있누나
인간사 얄궂음이 무시로 넘나들어도 초연한 도도함이
　무엇인들 당할까
차오르는 말들을 가슴에 품고 심술궂은 풍랑에도 고고한 섬은
아~오늘도 갈매기 벗 삼아 희망을 노래하네
사랑하는 나의 독도여!

447　**독도는 우리땅**

아티스트: Various Artists
장　　　르: 동요
발 매 일: 2014.10.2.

448　**독도는 우리땅**

아티스트: 이젠어린이동요
장　　　르: 동요
발 매 일: 2014.10.1.

449　**독도는 우리땅**

아티스트: 김봉자
장　　　르: 가요
발 매 일: 2014.10.1.

450

독도찬가

아티스트: 다다
장   르: 가요
발 매 일: 2014.10.1.

출렁출렁 파도치는 독도로 가자
찬눈 바람을 이겨내며 동해바다를 지켜온 넌
자랑스러운 우리의 한반도 코리아 섬마을이라네

백두대간 가슴에 품고 방가지꽃 아름답게 피우며
변하지 않는 젊은 모습 그대로 보여주는 독도야
너는 이제 외롭지 않으리라
항구에 울리는 뱃고동소리 사계절 멈추지 않으며 너와 함께 가리라

출렁출렁 배띄워라 독도로 가자
찬눈 바람을 이겨내며 동해바다를 지켜온 너는
자랑스러운 우리의 한반도 코리아 섬마을이라네

451

독도는 우리땅

아티스트: Various Artists
장   르: 동요
발 매 일: 2014.9.24.

452  **독도는 우리땅**

아티스트: Various Artists
장　　르: 동요
발 매 일: 2014.9.23.

453  **독도는 우리땅**

아티스트: Various Artists
장　　르: 동요
발 매 일: 2014.9.18.

454  **독도는 우리땅**

아티스트: Various Artists
장　　르: 동요
발 매 일: 2014.9.12.

455  **독도는 우리땅**

아티스트: Various Artists
장　　르: 동요
발 매 일: 2014.9.5.

456

독도는 우리땅

아티스트: Various Artists
장　　르: 동요
발 매 일: 2014.8.26.

457

독도는 우리땅

아티스트: 서울키즈하모니
장　　르: 동요
발 매 일: 2014.8.22.

458

독도는 우리땅

아티스트: Various Artists
장　　르: 동요
발 매 일: 2014.8.14.

459

독도는 우리땅

아티스트: Various Artists
장　　르: 동요
발 매 일: 2014.8.12.

460  **독도는 우리땅**

아티스트: Various Artists
장　　르: 동요
발 매 일: 2014.8.7.

461  **독도는 우리땅**

아티스트: Various Artists
장　　르: 동요
발 매 일: 2014.8.5.

462  **독도는 우리땅**

아티스트: Various Artists
장　　르: 동요
발 매 일: 2014.7.25.

463  **독도는 우리땅**

아티스트: Various Artists
장　　르: 동요
발 매 일: 2014.7.24.

464  독도는 우리땅

아티스트: Various Artists
장   르: 동요
발 매 일: 2014.7.22.

465  독도는 우리땅

아티스트: Various Artists
장   르: 동요
발 매 일: 2014.7.22.

466  독도는 우리땅

아티스트: 박도영(김녹촌, 신진수)
장   르: 동요
발 매 일: 2014.7.21.

1. 외딴섬엔 없을 거라 생각했는데
   독도에도 잠자리는 살고 있더라.
   선녀처럼 신선처럼 살고 있더라.
   독도하늘 지키는 비행기 되어
   여기는 우리의 땅 우리 대한 땅
   외치며 외치면서 날고 있더라.

2. 연못도 강도 없는 바위섬인데
그런데도 잠자리는 살고 있더라.
용하게도 자리 잡고 살고 있더라.
대한의 땅 대한겨레 한 식구 되어
그 누구도 우리의 땅 넘보지 마라.
외치며 외치면서 날고 있더라

467　**독도는 우리땅**

아티스트: Various Artists
장　　르: 동요
발 매 일: 2014.7.17.

468　**독도는 우리땅**

아티스트: Various Artists
장　　르: 동요
발 매 일: 2014.7.10.

469　**독도갈매기**

아티스트: 안상희
장　　르: 가요
발 매 일: 2014.7.8.

거센 바람 거친 파도 품에 안은 독도 갈매기
부서지는 물보라속에 독도 하늘 지키고 있네
성인봉 하늘아래 물오리바위 믿음직한 군함바위
대한민국 자존심을 지키고 있네
독도만세 만만세 아름다운 동해바다
품에 안은 독도 갈매기 거센바람 휘몰아쳐도
독도 하늘 지키고 있네
신비한 바다 밑에 수 많은 보물 독도를 빛내듯이
대한민국 자존심을 지키고 있네
독도 만세 만만세 동해바다 뜨는 해를
품에 안은 독도 갈매기 그 무엇을 두려워하랴
독도하늘 지키고 있네
백두산 정계비가 보고있는데 역사 왜곡 웬말이냐
대한민국 자존심을 건들지마라 큰일난다 큰일나
백두산 정계비가 보고있는데 역사 왜곡 웬말이냐
대한민국 자존심을 건들지마라 큰일난다 큰일나 큰일난다 큰일나

470  독도는 우리땅

아티스트: Various Artists
장   르: 동요
발 매 일: 2014.7.3.

471  독도는 우리땅

아티스트: Various Artists
장   르: 동요
발 매 일: 2014.7.1.

472

독도는 우리땅

아티스트: Various Artists
장   르: 동요
발 매 일: 2014.6.27.

473

독도는 우리땅

아티스트: Various Artists
장   르: 동요
발 매 일: 2014.6.24.

474

독도는 우리땅

아티스트: 옴니버스
장   르: 가요
발 매 일: 2014.6.20.

475

독도는 우리땅

아티스트: Various Artists
장   르: 가요
발 매 일: 2014.6.20.

476

독도는 우리땅

아티스트: Various Artists
장　　르: 동요
발 매 일: 2014.6.16.

477

독도는 우리땅

아티스트: Various Artists
장　　르: 동요
발 매 일: 2014.6.5.

478

독도야 독도야

아티스트: 홍광표
장　　르: 가요
발 매 일: 2014.5.31.

독도야 독도야 독도는 한국 한국 땅 독도는 한국 땅
바람 찬 바위 섬에 해가 지며는 누구를 기다리며 저 바다 지키느냐
바람불면 서울 보고 파도치면 평양보네
한국 땅 한국 땅 독도는 한국 땅
울릉도 성인봉아 잠에서 깨어나라 우리 독도 지켜야 한다
해저문 바위 섬에 달이 뜨며는 누구를 기다리며 저 바다 지키느냐
비가 오면 부산 보고 눈이 오면 원산 보네 한국 땅 한국 땅 독도는

한국 땅
울릉도 성인봉아 잠에서 깨어나라 우리 독도
지켜야 한다 우리 독도 지켜야 한다

479  **독도코리아**

아티스트: 닥터 황
장　　르: 가요
발 매 일: 2014.5.30.

엄마 아빠 누나 동생 독도사랑 할아버지 할머니도 독도사랑
우리모두 나라사랑 독도는 우리땅
아름다운 우리강산 독도는 Korea
도대체 넌 왜 자꾸 우기니 우겨도 너무 우기잖니
독도는 정말 알잖아 우리땅이라는거 알잖아
아무리 우겨도 안돼 원래 우리 땅인데
위치적으로 지정학적으로 역사적으로 모두다
독도플랜 철저하게 괜찮다고 미루기없기
독도명예 시민운동 함께해요 let's go
괜찮다고 미루지 말고 귀찮다고 미루지 말고
우리모두 다같이 기억해요 독도명예 시민운동
엄마 아빠 누나 동생 독도사랑 할아버지 할머니도 독도사랑
우리모두 나라사랑 독도는 우리땅
아름다운 우리강산 독도는 Korea
We altogether 나라사랑 독도는 우리땅 아름다운 우리강산 독도는
　　Korea

480

독도는 우리땅

아티스트: Various Artists
장   르: 동요
발 매 일: 2014.5.19.

481

독도는 우리땅

아티스트: Various Artists
장   르: 동요
발 매 일: 2014.5.15.

482

독도는 우리땅

아티스트: Various Artists
장   르: 동요
발 매 일: 2014.5.14.

483

독도는 우리땅

아티스트: Various Artists
장   르: 동요
발 매 일: 2014.5.8.

484 독도는 우리땅

아티스트: Various Artists
장   르: 동요
발 매 일: 2014.5.8.

485 독도는 우리땅

아티스트: Various Artists
장   르: 동요
발 매 일: 2014.4.18.

486 독도는 우리땅

아티스트: Various Artists
장   르: 동요
발 매 일: 2014.4.17.

487 독도는 우리땅

아티스트: Various Artists
장   르: 동요
발 매 일: 2014.4.16.

488

독도는 우리땅

아티스트: 딸기나라 아이들
장　　르: 동요
발 매 일: 2014.4.15.

489

독도는 우리땅

아티스트: Various Artists
장　　르: 동요
발 매 일: 2014.4.9.

490

독도는 우리땅

아티스트: 이박사
장　　르: 가요
발 매 일: 2014.4.9.

491

독도는 우리땅

아티스트: 서울키즈하모니
장　　르: 동요
발 매 일: 2014.3.27.

492
독도는 우리땅

아티스트: 서울키즈하모니
장　　르: 동요
발 매 일: 2014.3.24.

493
독도는 우리땅

아티스트: Various Artists
장　　르: 동요
발 매 일: 2014.3.21.

494
독도여 영원하라

아티스트: Various Artists
장　　르: 가요
발 매 일: 2014.3.17.

너는 너는 외롭지 않다 독도야 독도야 우리 독도야
내 한 점 고운 살을 바다에 던진 망망 대해 동해바다
품에 안긴 독도야
거칠은 파도가 뺨을 때려도 이 기상을 누가 막으랴
독도야 독도야 우리 독도야
너는 너는 영원하리라 내 한 점 고운 살을 바다에 던진
망망 대해 동해바다 품에 안긴 독도야

거칠은 파도가 뺨을 때려도 이 기상을 누가 막으랴
독도야 독도야 우리 독도야
너는 너는 영원하리라 영원하리라

495

독도는 우리땅

아티스트: Various Artists
장   르: 동요
발 매 일: 2014.3.11.

496

독도 사랑가

아티스트: 박소민
장   르: 가요
발 매 일: 2014.3.6.

동해라 푸른바다 반짝이는 물결속에
힘차게 우두커니 솟아있는 민족의 땀방울이 흘러흘러서 여기왔나
명태와 오징어가 함께 뛰놀고 제주도 쪽빛바람 불어오면
울릉도는 왜 따라 시샘해요 어허라 좋을시고
우리네 강산 홍심치레 넋이련가 연노랑 세오녀의 한이련가

497
독도는 우리땅

아티스트: 딸기나라 아이들
장　　르: 동요
발 매 일: 2014.3.4.

498
독도는 우리땅

아티스트: 서울키즈 하모니
장　　르: 동요
발 매 일: 2014.2.18.

499
독도사람 최종덕

아티스트: 파란우산
장　　르: 가요
발 매 일: 2014.2.18.

한칸 한칸 쌓아서 구백구십 팔계단 그 옛날 독도에 사람이 살았네
한칸 한칸 쌓아서 구백구십 팔계단 그 옛날 독도에 사람이 살았네
아무도 찾아 오지 않아도 그만은 떠나지 않네
거센 바람과 거친 파도를 몸으로 막아내면서 독도는 내가 지킨다
내이름 지워도 좋아 독도는 내가 지킨다 죽어도 내가 지킨다

독도사람 최종덕 마지막 그의절규 영원히 기억하리 우리땅 독도엔

우리가 살아야한다 사랑해 독도야
아무도 찾아 오지않아도 그만은 떠나지 않네
거센 바람과 거친 파도를 몸으로 막아내면서 독도는 내가 지킨다
내이름 지워도좋아 독도는 내가 지킨다 죽어도 내가 지킨다

독도사람 최종덕 마지막 그의 절규 영원히 기억하리
우리땅 독도엔 우리가 살아야한다
사랑해 독도야 독도사람 최종덕 마지막 그의 절규
영원히 기억하리 우리땅 독도엔 우리가 살아야한다
사랑해 독도야 사랑해 독도야

500 내 친구 독도

아티스트: 파란우산
장   르: 가요
발 매 일: 2014.2.18.

언제나 외로워 슬픈 내친구 오늘은 보고싶어라
뱃길이 아무리 멀고 험해도 내친구 만나러 간다
그 누가 이렇게 멋진 내친구 자꾸만 힘들게 하나
한세월 버티어 멍든 그 입술 오늘도 말이 없구나
고마워 독도야 니가 있어서 사랑하는 내 친구야 누구나 말로는
　　친구라 하지
그 누가 온몸을 던질까 눈앞에 제 식구 데려간대도 남처럼 보고만
　　있네
우리가 조금더 힘이 세져서 그 마음 보듬어줄게
다음엔 한반도 옆에 태어나 이 설움 받지 않도록
용서해 독도야 무심했던 날 사랑하는 내 친구야 사랑하는
　　내 친구야

501

내사랑 독도야

아티스트: 파란우산
장　　르: 가요
발 매 일: 2014.2.18.

DOKDO 다같이 독도 DOKDO 다같이 독도
똑소리 나게 한마디 DOKDO 딱부러지게 한마디 DOKDO
칠천만 가슴이 하나가된다 독도야 외로워마라
제 아무리 떼쓰고 우겨도 침흘리며 또 덤벼든데도
역사의 북소리 울려 퍼진다 태극기야 높이 솟아라
독도야 슬퍼말아라 더 이상 참지도마라
바위섬에 새겨진 눈물아 설움아 차가운 바람 불어라
거치른 파도야 쳐라 이몸이 방패되리라
내 사랑 독도야 똑소리나게 한번더 DOKDO
딱부러지게 한번더 DOKDO 칠천만 심장이 뜨거워진다
독도야 외로워마라 제아무리 떼쓰고 우겨도
침흘리며 또 덤벼든데도 역사의 북소리 울려퍼진다
태극기야 높이솟아라 독도야 슬퍼말아라
더 이상 참지도마라 바위섬에 새겨진 눈물아 설움아
차가운 바람불어라 거치른 파도야쳐라
이몸이 방패되리라 내사랑독도야
독도야 슬퍼말아라 더 이상 참지도마라
바위섬에 새겨진 눈물아 설움아 차가운 바람불어라
거치른 파도야쳐라 이몸이 방패되리라
내사랑독도야 이몸이 방패되리라 내사랑독도야

502
독도는 우리땅

아티스트: Various Artists
장   르: 동요
발 매 일: 2014.2.14.

503
독도는 우리땅

아티스트: Various Artists
장   르: 동요
발 매 일: 2014.2.13.

504
독도는 우리땅

아티스트: Various Artists
장   르: 동요
발 매 일: 2014.2.12.

505
독도는 우리땅

아티스트: Various Artists
장   르: 동요
발 매 일: 2014.2.12.

506  **독도는 우리땅**

아티스트: 동요친구
장　　르: 동요
발 매 일: 2014.2.12.

507  **독도는 우리땅**

아티스트: Various Artists
장　　르: 동요
발 매 일: 2014.2.12.

508  **독도는 우리땅**

아티스트: Various Artists
장　　르: 동요
발 매 일: 2014.2.11.

509 **독도는 우리땅**

아티스트: 키즈빌
장　　르: 동요
발 매 일: 2014.1.27.

1. 외딴섬엔 없을 거라 생각했는데 독도에도 잠자리는 살고 있더라.
선녀처럼 신선처럼 살고 있더라. 독도하늘 지키는 비행기 되어
여기는 우리의 땅 우리 대한 땅 외치며 외치면서 날고 있더라.

2. 연못도 강도 없는 바위섬인데 그런데도 잠자리는 살고 있더라.
용하게도 자리 잡고 살고 있더라. 대한의 땅 대한겨레 한 식구 되어
그 누구도 우리의 땅 넘보지 마라. 외치며 외치면서 날고 있더라

510
독도는 우리땅

아티스트: 서울키즈하모니
장　　르: 동요
발 매 일: 2014.1.24.

511
독도는 우리땅

아티스트: 서울키즈하모니
장　　르: 동요
발 매 일: 2014.1.22.

512
독도는 우리땅

아티스트: Various Artists
장　　르: 동요
발 매 일: 2014.1.14.

7. 2013년(12월~1월) 앨범 및 가사

513

독도는 우리땅

아티스트: 서울키즈하모니
장   르: 동요
발 매 일: 2013.12.30.

514

독도가 부르네(독도노래)

아티스트: 채환
장   르: 가요
발 매 일: 2013.12.26.

이 또한 지나가리
나는 남으리
세월 가면 그땐 알까
내가 여기 있는 이유
긴 밤을 지샌 별처럼
항상 여기 머물 테요
타버린 재속에
혼자 남아도
철저히 버려진들
무슨 상관 있으리
아무도 날 대신

바람이 또 불어오네
구름이 또 일어나네
베어진 작은 가슴에
아물지 않은 내 멍울
소나기 또 내려오네
파도가 또 일어나네
바람이 잠들기 전에
날개 접지 않으리
아무도 찾지 않는
바다 속에서

갈매기 친구되어   할 수 없음을
텅 빈 날들을 보냈지   이 또한 어떠하리
차가운 모진   나는 지키리
바람 등이 시려도

515  내 독도야

아티스트: 채환
장   르: 가요(락)
발 매 일: 2013. 12. 26.

두비루비루바 두바 두비루비루바 두두비루바 두비르바 두비루바
1. 아침의 나라 움추린태양이 눈뜨는곳
   한국의 동쪽 동해 있고 독도있네
   내독도야 사랑해 독도야 사랑해
   처음도 그랬고 지금도 우리독도
   내 독도야 사랑해 독도야 사랑해
   어제도 오늘도 내일도 우리 독도
   랄라라라 라라 라라라라라 랄라라라 라라라라

2. 열정의 나라 갈매기 구름이 모이는곳
   한국의 동쪽 동해 있고 독도있네
   내독도야 사랑해 독도야 사랑해
   언제나 너와 우리 함께 있어줄게
   내독도야 사랑해 독도야 사랑해
   언제나 너와 우리 함께 노래할래

   독도를 사랑하는 사람 손한번 들어봐요
   여기도 저기 우리모두 함께해요
   독도를 사랑하는 사람 여기 여기 모여라
   박수쳐요 우리 노래 불러요

내 독도야 사랑해 독도야 사랑해
어제도 오늘도 내일도 우리 독도(독도 독도)
내독도야(독도야) 사랑해 내독도야(독도야) 사랑해
언제나 너와 우리 함께(우리 함께) 있어줄께(있을께)
랄라라라 라랄라 라랄라 라라라라
랄라라라라 라라라라 라라라라
랄라라라 라랄라 라랄라 라라라
랄라라라라 라라라라 라라라라

516

독도는 우리땅

아티스트: 서울키즈하모니
장   르: 동요
발 매 일: 2013.12.24.

517

독도는 우리땅

아티스트: Various Artists
장   르: 동요
발 매 일: 2013.12.17.

518

독도는 우리땅

아티스트: 딸기나라 아이들
장   르: 동요
발 매 일: 2013.12.12.

519

독도는 우리땅

아티스트: 핑크키즈
장　　르: 동요
발 매 일: 2013.12.4.

520

독도의 봄

아티스트: 정재우
장　　르: 동요
발 매 일: 2013.12.1.

521

독도민들레

아티스트: 이윤진
장　　르: 동요
발 매 일: 2013.12.1.

522

독도는 우리땅

아티스트: Various Artists
장　　르: 동요
발 매 일: 2013.11.13.

523

독도는 우리땅

아티스트: Various Artists

장   르: 동요

발 매 일: 2013.11.12.

524

독도는 우리땅

아티스트: Various Artists

장   르: 동요

발 매 일: 2013.11.6.

525
개그보이
GAGBOY

1st Album, Happy Birthday, GAGBOY!

1st Album

독도는 한국땅 인트로

아티스트: 개그보이

장   르: 가요

발 매 일: 2013.10.25.

독도는 우리땅 독도는 우리땅   독도는 우리땅 독도는 우리땅
일본은 너희땅 일본은 너희땅   일본은 너희땅 일본은 너희땅
독도는 우리땅 독도는 우리땅   독도는 우리땅 독도는 우리땅
일본은 너희땅 일본은 너희땅   일본은 너희땅 일본은 너희땅
독도는 우리땅 독도는 우리땅   독도는 우리땅 독도는 우리땅
일본은 너희땅 일본은 너희땅   일본은 너희땅 일본은 너희땅

526

독도는 우리땅

아티스트: 이젠어린이동요
장　　　르: 동요
발 매 일: 2013.10.24.

527

독도는 우리땅

아티스트: Various Artists
장　　　르: 동요
발 매 일: 2013.10.7.

528

독도는 우리땅

아티스트: Various Artists
장　　　르: 동요
발 매 일: 2013.10.2.

529

독도는 우리땅

아티스트: 핑크키즈
장　　　르: 동요
발 매 일: 2013.9.17.

530 **독도는 우리땅**

아티스트: 크레용키즈싱어즈
장   르: 동요
발 매 일: 2013.9.5.

531 **독도는 우리땅**

아티스트: Various Artists
장   르: 동요
발 매 일: 2013.9.4.

532 **독도는 우리땅**

아티스트: Various Artists
장   르: 동요
발 매 일: 2013.8.7.

533 **독도찬가**

아티스트: 허성희
장   르: 가요
발 매 일: 2013.8.5.

출렁출렁 파도치는 독도로 가자
찬눈바람을 이겨내는 동해바다를 지켜온 너는
자랑스런 우리의 한반도 코리아 섬마을이라네
백두대간 가슴에 품고 방가지꽃(해국꽃) 아름답게 피우며
변하지 않는 젊은 모습 그대로 보여주는 독도야

너는 이제 외롭지 않으리라
항구에 울리는 뱃고동소리
사계절 멈추지 않으며 너와 함께 하리라
출렁출렁 파도치는 독도로 가자
찬눈바람을 이겨내는 동해바다를 지켜온 너는
자랑스런 우리의 한반도 코리아 섬마을이라네

534

독도는 우리땅

아티스트: Various Artists
장   르: 동요
발 매 일: 2013.8.1.

535

독도는 우리땅

아티스트: Various Artists
장   르: 동요
발 매 일: 2013.7.17.

536

독도는 우리땅

아티스트: 핑크키즈
장　　르: 동요
발 매 일: 2013.7.8.

537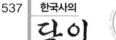

독도야

아티스트: 이재령
장　　르: 가요
발 매 일: 2013.6.25.

이 노래는 우리가 지켜야 할 섬에 대한 이야기
삼국사기 책에서 신라 지증왕이 이사부 보내 우산국을 정복했대.
그렇게 이 조그만 섬은 우리 역사 속에 자리 잡게 되었지.
7세기말 일본과 영유권분쟁 일어나 안용복이 우리 영토로 인정
　받았어
하지만 1905년 러·일전쟁 중에 일본은 불법으로 자신들의 영토로
　만들었지.
독도야 우리가 널 지킬게 독도야 우리가 함께 할게 이제는
우리 모두 알고 있어 너를 함께 해야 할 이유를
빼앗으려 해도 바꾸려 해도 넌 독도야
세종실록지리지 동국문헌비고 만기요람에 우리 땅이라 돼 있어.
일본의 은주시청합기 조선동해안도 태정관 문서에도
일제강점기 거치고 카이로 선언에 따라 독도는 우리의 영토로
　반환이 됐지.
6.25 전쟁을 틈타 일본인이 독도를 침탈하자 독도의용수비대가 맞서
독도야 우리가 널 지킬게 독도야 우리가 함께 할게 이제는

우리 모두 알고 있어 너를 함께 해야 할 이유를
빼앗으려 해도 바꾸려 해도 넌 독도야
계속되는 일본의 교과서 왜곡
말도 안되는 독도의 영유권 주장
아무리 빼앗으려 애써도
우리는 역사를 통해 지켜가면 돼
독도야 우리가 널 지킬게 독도야 우리가 함께 할게 이제는
우리 모두 알고 있어 너를 함께 해야 될
빼앗으려 해도 바꾸려 해도 넌 독도야

538

독도는 우리땅

아티스트: Various Artists
장   르: 동요
발 매 일: 2013.6.20.

539

독도야

아티스트: 유찬
장   르: 가요
발 매 일: 2013.6.13.

세계 속에 피어나라 태극품은 무궁화로
독도 독도야 독도 독도 독도야
한반도의 민족정기 독도야 우뚝 솟은 태극자태
아주 늠름 자랑스럽구나
독도 독도 독도야
대한민국 동해바다 독도야 세계 속에 피어나라

태극품은 무궁화로 태극의 날개를 펼쳐라
아리랑 세상이 열린다 대한봉아 우산봉아
세계의 시작을 알려라 평화 상생 일출이 떠오른다
여기는 대한민국 독도 온누리를 밝혀주리라 워
독도 독도 독도야
세계 속에 우뚝 솟은 독도야

대한민국 영원한 땅 독도 독도야
독도 독도 독도야 온 국민이 함께 한다 독도야
대한민국 영원한 땅 독도 독도야
태극의 날개를 펼쳐라 아리랑 세상이 열린다
대한봉아 우산봉아 세계의 시작을 알려라
평화 상생 일출이 떠오른다
여기는 대한민국 독도 온 누리를 밝혀주리라 워
독도 독도 독도야 세계 속에 우뚝 솟은 독도야
대한민국 영원한 땅 독도 독도야
독도 독도 독도야 온 국민이 함께 한다 독도야
대한민국 영원한 땅 독도 독도야
독도 독도 독도야 세계 속에 우뚝 솟은 독도야
대한민국 영원한 땅 독도 독도야
대한민국 영원한 땅 독도 독도야

540  **독도는 우리땅**

아티스트: 핑크키즈
장   르: 동요
발 매 일: 2013.6.11.

541

독도는 우리땅

아티스트: Various Artists
장　　르: 동요
발 매 일: 2013.6.10.

542

독도는 우리땅

아티스트: 핑크키즈
장　　르: 동요
발 매 일: 2013.5.21.

543

독도는 우리땅

아티스트: 핑크키즈
장　　르: 동요
발 매 일: 2013.5.21.

544

독도는 우리땅

아티스트: 달빛소년소녀합창단
장　　르: 동요
발 매 일: 2013.5.20.

545

독도는 우리땅

아티스트: 달빛소년소녀합창단
장　　　르: 동요
발 매 일: 2013.5.15.

546

독도

아티스트: 귀한자식
장　　　르: 가요
발 매 일: 2013.5.9.

독도~ 다케시마라고 좆빠는 소리하는 원숭이들
아주 때만되면 지랄 염병을 하고 할머니들 가슴에 또 못을 박고
니들 문제가 몬지 그 문제말이야 어디에서 부터 잘못되 온 걸까
어머니 뱃속에서부터 죄를짓는걸까 니들말야
섬 나라 울부짖는 영토욕심 우끼끼

나 precious child, k1,k1 from vancouver u know
하와이는 어디땅 미쿡땅 대마도는 어디땅 나도 모른땅
독도는 어디땅 딱 봐도 한국땅 왜자꾸 지내땅 자꾸 그럼 한번 더
　원자폭탄
빵빵빵 on your ass again bomb bomb bomb

내친구 훈돌이가 그래, 역사책을 찾아봐도 그래
왜 반성 못하고 아직도 쓰잘때기 없는 소릴 지껄이고 그래
그래 원숭이가 뭘 알아, 그래 원숭이가 짖어봐,
우끼끼 한번 짖어봐 크게 짖어봐 우끼끼

all the monkeys on my right say
all the monkeys on my left say
all the monkeys on my back say
all the 원숭이들 in the house say

우끼끼 내가 상관할바 아냐 사실
케나다선 아무도 신경 안쓰는 사실
이건 아니자나 왜 그렇게 부려 생고집
누가 봐도 그건 유치한 생고집
그래 그럼 어디 하와이도 니네땅
홍콩도 니네땅 독도도 니네땅
대만도 니네땅 염병할 일본은 미국땅

울릉도 동남쪽 뱃길따라 이백리
외로운 섬하나 새들의 고향
그 누가 아무리 자기 땅이라 우겨도
독도는 우리땅

원숭이 엉덩이는 빨게
빨가면 사과 사과는 맛있어
맛있으면 기모찌
기모찌는 쪽바리
쪽바리는 비아치

547

독도는 우리섬

아티스트: 건아들
장   르: 가요
발 매 일: 2013.5.4.

자 갑시다 독도로 갑시다

독도로 독도로 갑시다
병풍처럼 펼쳐지는
동해바다 길을 따라
가재바위 부채바위 촛대바위 구멍바위
환상의 바위섬으로
다 같이 가자가자 독도 독도로
동도 서도 작은섬

아흔 한 개 우리섬
이름모를 새소리
바다향기 가득찬
바람도 노래하는 길을 따라
겨울연가 연인처럼
다정하게 걸어보면
사랑의 꽃을 꽃을 피워보자
환상의 섬 독도는 우리섬

548

독도야 우리가 있잖아

아티스트: Various Artists
　　　　　　(박수진, 김정철)
장　　르: 가곡
발 매 일: 2013.4.30.

푸른 동해 한가운데 두 발 깊이 담그고
갈매기떼 더불어 사는 동쪽 바다 작은 섬
바람 부는 날이면 너의 모습 그려본다
바람 앞에 홀로 서있을 너를 생각한단다
혼자 있어도 외로워 하지마 우리가 있잖아
독도야 독도야 우리 사랑 언제까지나

아침햇살 빛날 적에 작은 얼굴 내밀고

흰구름에 소식 전하는 동쪽 바다 바위섬
파도 치는 날이면 너의 모습 그려본단다
바람 앞에 홀로 서있을 너를 생각한단다
멀리 있어도 쓸쓸해 하지마 우리가 있잖아
독도야 독도야 우리 희망 오늘 내일도
독도야 독도야 우리 사랑 언제까지나
우리 사랑 언제까지나

549

독도는 우리땅

아티스트: Various Artists
장　　르: 동요
발 매 일: 2013.4.11.

550

독도는 우리땅

아티스트: Various Artists
장　　르: 동요
발 매 일: 2013.4.10.

551

독도는 우리땅

아티스트: Various Artists
장　　르: 동요
발 매 일: 2013.4.9.

552  **독도는 우리땅**

아티스트: 달빛소년소녀합창단
장　　르: 동요
발 매 일: 2013.3.22.

553  **독도는 우리땅**

아티스트: Various Artists
장　　르: 동요
발 매 일: 2013.3.14.

554  **독도는 우리땅**

아티스트: Various Artists
장　　르: 동요
발 매 일: 2013.3.8.

555

독도가 부르네

아티스트: 채환
장   르: 가곡
발 매 일: 2013.3.1.

바람이 또 불어오네, 구름이 또 일어나네
베어진 작은 가슴에 아물지 않은 내 멍울
소나기 또 내려오네, 파도가 또 일어나네
바람이 잠들기 전에 날개 접지 않으리
아무도 찾지 않는 바다 속에서
갈매기 친구되어 텅 빈 날들을 보냈지
차가운 모진 바람 등이 시려도

이 또한 지나가리 나는 남으리
세월 가면 그땐 알까 내가 여기 있는 이유
긴 밤을 지샌 별처럼 항상 여기 머물 테요
타버린 재속에 혼자 남아도
철저히 버려진들 무슨 상관 있으리
아무도 날 대신 할 수 없음을
이 또한 어떠하리 나는 지키리

556

내 독도야

아티스트: 채환
장   르: 가요
발 매 일: 2013.3.1.

아침의 나라 움츠린 태양이 눈뜨는 곳
한국의 동쪽 동해 있고 독도 있네
내 독도야 사랑해 독도야 사랑해
처음부터 그랬고 지금도 우리 독도
내 독도야 사랑해 독도야 사랑해
어제도 오늘도 내일도 우리 독도

열정의 나라 갈매기 구름이 모이는 곳
한국의 동쪽 동해 있고 독도 있네
내 독도야 사랑해 독도야 사랑해
언제나 너와 우리 함께 있어줄게
내 독도야 사랑해 독도야 사랑해
언제나 너와 우리 함께 노래할래

독도를 사랑하는 사람 손 한 번 들어봐요
여기도 저기 우리 모두 함께 해요
독도를 사랑하는 사람 여기여기 모여라
박수쳐요 우리 노래 불러요

내 독도야 사랑해 독도야 사랑해
어제도 오늘도 내일도 우리 독도
내 독도야 사랑해 독도야 사랑해
언제나 너와 우리 함께 있어줄게

557

코리아 독도

아티스트: 장대성
장   르: 가요
발 매 일: 2013.3.1.

동해의 아침해가 힘차게 하늘 높이 떠오르고
검푸른 바다위에 하늘 높이 우뚝 솟은 독도여
반만년 우리 역사 배달 민족 대한민국 영토위에
하늘이 주신 보물 우리의 땅 독도는 영원하리라.

아 아 우리의 땅 독도 아 아 영원불멸 하리
아 아 우리의 땅 독도 아 아 위풍당당하다
우리의 땅 독도 코리아 우리의 땅 독도 대한민국
우리 다함께 지키리 우리 다함께 사랑하리
하늘땅 아래 독도는 영원하리라.

558

독도실록

아티스트: 한희주, 진용
장   르: 가요
발 매 일: 2013.2.25.

고속정을 타고 울릉도를 떠나 푸른파도
수평선 너머 동남쪽 87키로 가면
동도 서도와 작은 89개 섬이 꿈처럼 나타나네
512년 이사부가 우산국 정복해 우리땅 됐고
1500년간 동쪽 수호신이었던 한류난류 합하는

연안 어장과 지하자원 보고 해양군사 요충지
Do you know Dokdo in the East Sea is Korean land
우리들은 우리땅 독도를 사랑해요
Do you know Dokdo in the East Sea is Korean land
우리 함께 독도로 떠나 봐요
신비한 바위들 깎아지른 절벽 갈매기 떼들에 넋을 잃었네
땅채송화 번행초와 괭이갈매기 슴새 바다제비들이 우리를 반겨 주네
1877년 일본이 독도는 일본땅 아니라고 태정관 문서에 고백했던
동해상의 미래교역 핵심지해양 과학기지민족 얼이 담긴 공간
Do you know Dokdo in the East Sea is Korean land
우리들은 우리땅 독도를 사랑해요
Do you know Dokdo in the East Sea is Korean land
우리 함께 독도로 떠나 봐요

559  **독도는 우리땅**

아티스트: 핑크키즈
장   르: 동요
발 매 일: 2013.2.22.

560  **보고싶다 강치야**

아티스트: 임산
장   르: 가곡
발 매 일: 2013.2.21.

파란 동해에 강치가 돌아오기를 우리 모두 손잡고 해내리라
외로운 섬 독도의 오래된 친구 어느 날 갑자기 사라져 버렸네,
같이 놀던 가재 바위 너무 외로워 타버린 가슴 하늘로 드러내 보이네,

이제 우리 모두 다 일어나서 독도친구를 찾아주리라
파란 동해에 강치가 돌아오기를 우리 모두 손잡고 해내리라
돌아온 독도의 오래된 친구 힘차게 동해를 헤엄쳐 다니네,
다시 만난 강치들 얼굴 부비며 흥겨운 소리가 동해에 넘치네,
이제 우리 모두 다 일어나서 독도 친구를 찾아주리라
파란 동해에 강치가 돌아오기를 우리 모두 손잡고 해내리라
독도의 오래된 친구! 보고 싶다 강치야!

561

독도는 우리땅

아티스트: 키즈동요클럽
장   르: 동요
발 매 일: 2013.2.1.

562

독도는 우리땅

아티스트: 핑크키즈
장   르: 동요
발 매 일: 2013.1.14.

563

독도는 우리땅

아티스트: Various Artists
장   르: 동요
발 매 일: 2013.1.4.

564

울릉이는 독도를 사랑해

아티스트: L
장   르: 동요
발 매 일: 2013.1.1.

1. 우 ---
   울릉이는 내 남자 독도는 내 이름
   동해 바다 푸른 물은 우리들의 집
   독도를 사랑한 한 남자 있었네
   검푸른 파도가 몰아쳐도
   너무나 사랑해 밤낮을 지켰네
   그 이름도 멋있는 울릉이라네
   *독도야 사랑한다. 울릉이가 있다.
   한 마리 제비처럼 너에게 날아가마
   울릉이는 사랑해 독도를 사랑해
   사랑해 사랑해 미치게 사랑해

2. 우 ---
   독도는 내 여자 울릉이는 내 이름
   동해 바다 푸른 물은 우리들의 집
   울릉이를 사랑한 한 여자 있었네
   먹구름 번개가 번쩍여도
   사랑을 한다면 이 정도 해야지
   독도는 독도는 일편단심
   *울릉아 사랑한다. 울릉아 사랑한다.
   푸르른 하늘 보며 이렇게 외쳐 본다.
   독도는 사랑해 울릉이를 사랑해
   사랑해 사랑해 미치게 사랑해
   *울릉이는 독도를 독도는 울릉이를
   사랑한다 속삭인다. 제비처럼 속삭인다.
   사랑해 사랑해 죽도록 사랑해
   우리는 사랑해 미치게 사랑해 (독도야 사랑해)

565  독도를 사랑해

아티스트: L
장　르: 동요
발 매 일: 2013.1.1.

독도를 사랑해 독도를 사랑해
독도여 독도여 독도여
독도를 사랑해 독도를 사랑해
독도여 독도여 독도여

너는 내 곁에 나는 네 곁에
어쩌면 이렇게 잘생겼니
그래 이렇게 항상 이렇게
너만을 지키며 살아야지

너를 사랑해 정말로 사랑해
내 곁을 내 곁을 떠나지마
너 없인 못살아 정말로 못살아
너라면 너라면 어쩌겠니

너의 손 잡을게 내손을 꼭 잡아
놓치면 안된다 큰일 난다
훔치진 못해도 훔~치진 못해도
뺏기진 뺏기진 말아야지.

566  독도가 뿔났다

아티스트: L
장　　　르: 동요
발 매 일: 2013.1.1.

1막
두드려라 두드려라 두드려라 역사의 문
당당하게 솟아 올랐다 늠름하게 솟아 올랐다
당당하게 솟아 올랐다 늠름하게 솟아 올랐다
삼백만년 다듬어져 내가 되었다 삼백만년 다듬어져 내가 되었다
너는 아느냐?

2막
1장 두드려라 역사의 문
겨레여 민족아 염려 말아라
동해에 용이 되어 지키리라 바다의 머리 담가 지키우리라
지키리라 지키리라 지키리라
지키리라 지키리라 지키리라
내민족 내나라 지키리라

2장 두드려라 역사의 문
국모를 능욕한 그대들이여
천추에 한이 되어 물어본다 어린 딸들 짓밟아온 그대들이여~
말하라 말하라 말을하라 답하라 답하라 답을하라
민족의 명으로 묻겠노라!

3막
독도여 독도여 독도여 독도여 독도가 운단다 독도가 운단다
두드려라 두드려라 두드려라 역사의 문
아름다운섬 민족의 자존심 아름다운섬 민족의 자존심
독도가 뿔났다 독도가 머리 든다
세우리라 세우리라 자존이여 머리 든다 머리 든다 머리 든다
독도가 독도가 독도가 뿔났다!

8. 2012년(12월~1월) 앨범 및 가사

567

독도는 우리땅

아티스트: Various Artists
장   르: 동요
발 매 일: 2012.12.28.

568

독도는 우리땅

아티스트: Various Artists
장   르: 동요
발 매 일: 2012.12.28.

569

독도는 우리땅

아티스트: Various Artists
장   르: 동요
발 매 일: 2012.12.27.

570  독도는 우리땅

아티스트: 개나리 숲 친구들

장　　르: 동요

발 매 일: 2012.12.17.

571 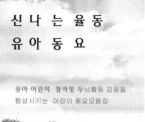 독도는 우리땅

아티스트: 김연아

장　　르: 동요

발 매 일: 2012.12.17.

572 독도야 독도야

아티스트: 홍수표

장　　르: 가요

발 매 일: 2012.12.15.

1. 바람 찬 바위섬에 해가 지며는
   누구를 기다리며 저 바다 지키느냐
   바람불면 서울 보고 파도치면 평양보네
   한국 땅 한국 땅 독도는 한국 땅
   울릉도 성인봉아 잠에서 깨어나라
   우리 독도 지켜야 한다

2. 해 저문 바위섬에 달이 뜨며는
   누구를 기다리며 저 바다 지키느냐
   비가 오면 부산 보고 눈이 오면 원산 보네
   한국 땅 한국 땅 독도는 한국 땅
   울릉도 성인봉아 잠에서 깨어나라
   우리 독도 지켜야 한다
   우리 독도 지켜야 한다

573  독도

아티스트: Leading Tone
장   르: 가요(국악)
발 매 일: 2012.12.3.

574  독도야

아티스트: 박진규
장   르: 창작뮤지컬
발 매 일: 2012.10.26.

오랜 세월 푸른 동해 한가운데
갈매기 떼 더불어 사는 동쪽 바다
우뚝 선 신비의 섬
거친 풍파 날카롭게 할퀴어도
깊은 바다 두 발 담그고
당당하게 우뚝 선 우리의 섬 독도야
오랜 세월 푸른 동해 한가운데
갈매기 떼 더불어 사는

동쪽 바다 우뚝 선 신비의 섬
거친 풍파 날카롭게 할퀴어도
깊은 바다 두 발 담그고
당당하게 우뚝 선 우리의 섬
독도야 언제까지나 독도야 우리의 희망
독도야 언제까지나 독도야 우리의 자랑
거친 풍파 날카롭게 할퀴어도
깊은 바다 두 발 담그고
당당하게 우뚝 선 우리의 섬
독도야 언제까지나 독도야 우리의 희망
독도야 언제까지나 독도야 우리의 자랑 독도야

575

독도는 우리땅

아티스트: 핑크키즈
장   르: 동요
발 매 일: 2012.10.25.

576

독도는 우리땅

아티스트: 핑크키즈
장   르: 동요
발 매 일: 2012.9.26.

577

독도는 우리땅

아티스트: 핑크키즈
장 르: 동요
발 매 일: 2012.9.26.

578

독도는 우리땅

아티스트: 핑크키즈
장 르: 동요
발 매 일: 2012.9.10.

579

독도는 우리땅

아티스트: 핑크키즈
장 르: 동요
발 매 일: 2012.9.3.

580

독도는 우리땅

아티스트: Various Artists
장 르: 동요
발 매 일: 2012.7.10.

581

독도는 우리땅

아티스트: 핑크키즈
장　　르: 동요
발 매 일: 2012.5.30.

582

울릉이는 독도를 사랑해

아티스트: L
장　　르: 가요
발 매 일: 2012.5.29.

1. 울릉이는 내 남자 독도는 내 이름
　동해바다 푸른물은 우리들의 집
　독도를 사랑한 한 남자 있었네
　검푸른 파도가 몰아쳐도
　너무나 사랑해 밤낮을 지켰네
　그 이름도 멋있는 울릉이라네

(후렴) 독도야 사랑한다. 울릉이가 있다
　　　한 마리 제비처럼 너에게 날아가마
　　　울릉이는 사랑해 독도를 사랑해
　　　사랑해 사랑해 미치게 사랑해

2. 독도는 내 여자 울릉이는 내 이름
　동해바다 푸른물은 우리들의 집
　울릉이를 상랑한 한 여자 있었네
　먹구름 번개가 번쩍여도

사랑을 한다면 이정도 해야지
독도는 독도는 일편단심

울릉아 사랑한다. 울릉아 사랑한다.
푸르른 하늘보며 이렇게 외쳐본다
독도는 사랑해 울릉이를 사랑해
사랑해 사랑해 미치게 사랑해

울릉이는 독도를 독도는 울릉이를
사랑한다 속삭인다. 제비처럼 속삭인다.
사랑해 사랑해 죽도록 사랑해
우리는 사랑해 미치게 사랑해 (독도야 사랑해)

583

독도

아티스트: 배정은
장　　르: 가요
발 매 일: 2012.5.24.

푸른안개 헤치면서 작은섬으로 솟아난 그대
비바람을 이겨내며 지켜온 오천년 그 세월
백두대간 온누리에 방가지꽃 피어나라
우리 꽃 영원토록 변치 않는 그 향기 가득찬 독도야
독도야 이제 그만 외로워 하지마라
너를 지켜주기 위해 우리가 있어줄게
독도야 이제 그만 외로워 하지마라
너를 지켜주기 위해 이렇게 외쳐줄게
독도는 우리땅 독도는 우리땅
내사랑 독도 내사랑 독도
동해바다 홀로서서 작은섬으로 지켜온 그대
눈바람을 이겨내며 지켜온 오천년 그세월

백두대간 온누리에 해국꽃 피어나라
우리꽃 영원토록 변치않는 그 향기 가득찬 독도야
독도야 이제 그만 외로워 하지마라
너를 지켜주기 위해 우리가 있어줄게
독도야 이제 그만 외로워 하지마라
너를 지켜주기 위해 이렇게 외쳐줄게
독도는 우리땅 독도는 우리땅
내사랑 독도 내사랑 독도
독도는 우리땅 대한민국 우리땅
내사랑 독도 대한민국 우리땅 독도는 우리땅

584

독도는 우리땅

아티스트: 독도걸스
장   르: 가요
발 매 일: 2012.5.10.

585

사랑한다, 독도야(독도송)

아티스트: Various Artists
장   르: 동요
발 매 일: 2012.5.4.

586

독도는 우리땅

아티스트: 독도듀엣
장 르: 가요
발 매 일: 2012.4.1.

울릉도 동남쪽 뱃길따라 87K
외로운 섬하나 새들의 고향
그누가 아무리 자기네 땅이라고 우겨도 독도는 우리땅
경상북도 울릉군 울릉읍 독도리
동경백 삼십이 북위 삼십칠
평균기온 십삼도 강수량은 천팔백 독도는 우리땅
오징어 꼴뚜기 대구 홍합 따개비
주민등록 최종덕 이장 김성도
십구만 평방미터 칠구구에 팔공오 독도는 우리땅
지증왕 십삼년 섬나라 우산국
세종실록지리지 강원도 울진현
하와이는 미국땅 대마도는 조선땅 독도는 우리땅
러일전쟁 직후에 임자 없는 섬이라고
억지로 우기면 정말 곤란해
신라장군 이사부 지하에서 웃는다 독도는 우리땅
울릉도 동남쪽 뱃길따라 87K
외로운 섬하나 새들의 고향
그누가 아무리 자기네 땅이라 우겨도
독도는 우리땅 독도는 우리땅 독도는 우리땅 한국땅

587

아름다운 독도

아티스트: 독도듀엣

장   르: 가요

발 매 일: 2012.4.1.

나는 가리라 그 섬으로 가리라
아침에 첫 태양이 떠오르는 거룩한 우리의 땅
애야 일어나라 어서 가자꾸나
참나리 꽃향기 흐르는 아름다운 독도로
너도 가고싶지 그 섬에 가고 싶지
가슴을 울리는 그 힘을 너도 느꼈구나
애야 일어나라 함께 가자꾸나
갈매기 친구 널 기다리는 아름다운 독도로

우리 가리라 그 섬에 가리라
거치른 파도 날 막아도 끝까지 가리라
애야 일어나라 모두 가자꾸나
비바람 긴 세월 이겨낸 아름다운 독도로
애야 일어나라 모두 가자꾸나
비바람 긴 세월 이겨낸 아름다운 독도로
비바람 긴 세월 이겨낸 아름다운 독도로

588

독도는 우리땅

아티스트: 독도프랜즈

장   르: 동요

발 매 일: 2012.3.23.

589  독도

아티스트: 도니 킴
장   르: 가요(락)
발 매 일: 2012.3.8.

날이 새는 외로운 그 밤 가슴에 너를 담고서
우두커니 이름 부르며 어느새 난 너를 잊을까
한참을 그렇게 멍하니 서성이다
그리운 너의 모습 떠올리며 잠이 드네
저녁 노을 붉게 물든 너 여전히 아름다운데
밤새도록 보던 너의 사진 그렇게도 넌 홀로 서 있어
한참을 그렇게 멍하니 서성이다
그리운 너의 모습 그려보며 한숨짓네
널 지키지 못했던 내 모습에
한없이 분노만 치미는데
뜨겁게 타오르는 격정의 나
이렇게 피가 끓어오르네
한참을 그렇게 멍하니 서성이다
그리운 너의 모습 그려보며 한숨짓네
널 지키지 못했던 내 모습에
한없이 분노만 치미는데
뜨겁게 타오르는 격정의 나
이렇게 피가 끓어오르네 죽어도 널 지킬거야

590

독도는 우리땅

아티스트: 핑크키즈
장   르: 동요
발 매 일: 2012.2.18.

591

독도는 우리땅

아티스트: 핑크키즈
장   르: 동요
발 매 일: 2012.2.13.

592

독도는 우리땅

아티스트: 핑크키즈
장   르: 동요
발 매 일: 2012.1.11.

9. 2011년(12월~1월) 앨범 및 가사

593  **코리아 독도**

아티스트: 임희선
장   르: 가요
발 매 일: 2011.12.1.

동해에 아침해가 힘차게 하늘높이 떠오르고
검푸른 바다위에 하늘높이 우뚝솟은 독도여
반만년 우리 역사 배달민족 대한민국 영토위에
하늘이 주신 보물 우리의 땅 독도는 영원하리라
아 아 우리의 땅 독도 아 아 영원 불멸하리
아 아 우리의 땅 독도 아 아 위풍당당하다
우리의 땅 독도 코리아 우리의 땅 독도 대한민국
우리 다 함께 지키리 우리 다 함께 사랑하리
하늘 땅 아래 독도는 영원하리라
동해에 아침해가 힘차게 하늘높이 떠오르고
검푸른 바다위에 하늘높이 우뚝솟은 독도여
반만년 우리 역사 배달민족 대한민국 영토위에
하늘이 주신 보물 우리의 땅 독도는 영원하리라
아 아 우리의 땅 독도 아 아 영원 불멸하리
아 아 우리의 땅 독도 아 아 위풍당당하다
우리의 땅 독도 코리아 우리의 땅 독도 대한민국
우리 다 함께 지키리 우리 다 함께 사랑하리
하늘 땅 아래 독도는 영원하리라
아 아 우리의 땅 독도 아 아 영원 불멸하리

아 아 우리의 땅 독도 아 아 위풍당당하다
우리의 땅 독도 코리아 우리의 땅 독도 대한민국
우리 다 함께 지키리 우리 다 함께 사랑하리
하늘 땅 아래 독도는 영원하리라

594

독도는 우리땅

아티스트: 동요
장   르: 동요
발 매 일: 2011.11.25.

595

독도는 우리땅

아티스트: Various Artists
장   르: 동요
발 매 일: 2011.11.17.

596

내 사랑 독도

아티스트: 정음
장   르: 가요
발 매 일: 2011.11.3.

큰가제 작은 가제 물오리 놀고 독립문 바위 위에 일출이
아름다운 정겨운 동해 바다 노랑부리 백로황새 괭이 갈매기

오늘도 육지소식 전해오네요
울릉도 호박엿을 사러가신님 등대만이 불을 밝혀 기다립니다
내사랑 독도야 오징어 명태잡이 어부들 뱃노래에 밤을 샛구나
내사랑 독도야 내사랑 독도야 내사랑 독도야
큰가제 작은 가제 물오리 놀고 독립문 바위위에 일출이 아름다운
정겨운 동해 바다 보라성게 동해담치 뱀불가사리
내고향 동도 서도 정말 좋아요
경상도 구경길을 떠나가신님 파도소리 벗을 삼아 기다립니다
내사랑 독도야 오징어 명태잡이 어부들 뱃노래에 밤을 샛구나
내사랑 독도야 내사랑 독도야 내사랑 독도야

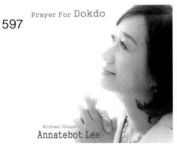

597

Prayer For Dokdo

Michael Hoppe
Annatebot Lee

Island

아티스트: 아나테붓리
장　　르: 가곡
발 매 일: 2011.10.17.

아일랜드 꿈꾸는 섬 달빛 아래 나의 섬
파도 위로 부르라 너의 노래
Island Island in the mist You're my island
under the moon 파도 위로 부르라
너의 노래를 단호하고 힘차게

침묵에서 깨어나 나를 향해 다가와
긴 세월 부르라 너의 노래를
빗물로 굳힌 모진 세월의 눈물은 감추어라
나를 향해 다가와 긴 세월 부르라
너의 너의 노래를 아일랜드

598　독도는 우리땅

아티스트: 아이시대
장　　르: 동요
발 매 일: 2011.9.16.

599　독도는 우리땅

아티스트: Various Artists
장　　르: 동요
발 매 일: 2011.9.14.

600　독도는 우리땅

아티스트: Various Artists
장　　르: 동요
발 매 일: 2011.9.6.

601　독도는 우리땅

아티스트: 정광태
장　　르: 가요
발 매 일: 2011.8.18.

602  독도로 날아간 호랑나비

아티스트: 정광태, 김흥국
장   르: 가요
발 매 일: 2011.8.18.

울릉도 동남쪽 뱃길 따라 날아간
호랑나비 호랑나비 성난 호랑나비
왜 왜 독도로 날아갔을까
기회만 있으면 독도를 노려
조금만 틈을 주면 자기네 땅이라고 우겨
으아! 정말 열받는구나
대한민국 대한민국
호랑나비야 지켜라 아름다운 독도 지켜라
호랑나비야 외쳐라 동족에다 크게 외쳐라
독도는 우리 땅 독도는 한국 땅
울릉도 동남쪽 뱃길 따라 날아간
호랑나비 호랑나비 성난 호랑나비
왜 왜 독도로 날아갔을까
기회만 있으면 독도를 노려
조금만 틈을 주면 자기네 땅이라고 우겨
으아! 정말 열받는구나
대한민국 대한민국
호랑나비야 지켜라 아름다운 독도 지켜라
호랑나비야 외쳐라 동족에다 크게 외쳐라
독도는 우리 땅 독도는 한국 땅
대마도도 우리 땅 우리 땅

603  **독도는 한국땅**

아티스트: 정광태
장   르: 가요
발 매 일: 2011.8.18.

오천년 역사위에 동해바다 땅 끝에
한반도 우리의 땅 독도는 알고 있다
한마음 한 뜻으로 지켜야 할 독도
크게 한번 외쳐라 독도는 한국 땅
일어나라 대한민국 우리는 할 수 있다
우뚝 서라 대한민국 독도는 한국 땅
새들이 노래하고 푸른 바다 춤추는
한반도 우리의 땅 독도는 알고 있다

한마음 한 뜻으로 지켜야 할 독도
크게 한번 외쳐라 독도는 한국 땅
일어나라 대한민국 우리는 할 수 있다
우뚝 서라 대한민국 독도는 한국 땅
일어나라 대한민국 우리는 할 수 있다
우뚝 서라 대한민국 독도는 한국 땅
독도는 한국 땅

604  **야름다운 독도**

아티스트: 정광태
장   르: 가요
발 매 일: 2011.8.18.

나는 가리라, 그 섬에 가리라.
아침해 첫 태양 떠오르는 거룩한 우리의 땅
애야, 일어나라. 너도 가자꾸나.
참나리 꽃향기 흐르는 아름다운 독도로
너도 가고 싶지. 그 섬에 가고 싶지.
가슴을 울리는 그 힘을 너도 느꼈구나.
애야 일어나라. 함께 가자꾸나.
갈매기 친구 널 기다리는 아름다운 독도로
우리 가리라. 그섬에 가리라.
거치른 파도 날 막아도 끝까지 가리라.
애야, 일어나라. 모두 가자꾸나.
비바람 긴 세월 이겨낸 아름다운 독도로

605

독도는 우리땅

아티스트: Various Artists
장   르: 동요
발 매 일: 2011.7.22.

606

두유 노 독도

아티스트: 소금과 후추
장   르: 가요(락/메탈)
발 매 일: 2011.6.26.

1. 고속정을 타고 울릉도를 파도헤치고 너머.
   87키로 달려가면, 동도, 서도 두 개 섬과
   그 주변 작은 89개 바위섬이 나타나네.

신비한 바위들, 깎아지른 절벽, 갈매기 말았네.
이곳이 일부 왜구 그토록 침 흘리며
자나 깨나 넘나 보는 아름다운 독도.
512년 신라시대 이사부가 우산국을 땅 됐고,
1500년간 수호신이었던 한류, 난류 교차하는 연안어장과
  대화퇴어장,
천연가스층과 지하자원 보고이고 해양군사요충지.
Do you know Dokdo in the East Sea is Korean land 땅 독도를
  사랑해요.
Do you know Dokdo in the East Sea is Korean land 우리 독도로
  떠나봐요.

2. 바다안개, 바람, 파도를 하늘이 잠재워 독도에 올라서면,
  땅 채송화, 해국, 번행초와 괭이갈매기,
  여름새인 슴새, 바다제비들이 우리를 주네.
  장군바위, 초지와 천장굴. 서도에는 탕건봉, 물골과 식목지.
  이곳이 먼저 뜨는, 돌섬이라는 이름의 아름다운 독도.
  서기 1877년 명치시대 일본이 일본 땅 아니라고,
  태정관 만천하에 고백했던, 교류교역 핵심지고,
  해양과학기지, 생물자원보고이고 얼이 공간.
  Do you know Dokdo in the East Sea is Korean land 우리 땅
  사랑해요.
  Do you know Dokdo in the East Sea is Korean land 우리 독도로
  떠나 봐요.

607

하나님이 보우하사 (우리땅 독도)

아티스트: 김다윗, 맑은유리
장 르: CCM(종교)
발 매 일: 2011.5.30.

10. 2010년(12월~1월) 앨범 및 가사

608

독도는 우리땅

아티스트: Various Artists
장   르: 동요
발 매 일: 2010.12.23.

609

해가 뜨는 우리 독도

아티스트: 홍경령
장   르: 동요
발 매 일: 2010.11.27.

1. 동해 바다 독도에서 아침해가 떠오르네
   삼천리 새 아침이 독도에서 활짝 열리네
   바다 위에 우뚝 솟은 두개의 봉우리
   독도 독도 우리 독도 해가 뜨는 우리 독도

2. 동해 바다 독도에서 아침해가 떠오르네
   깃발이 나부끼네 물새떼가 훨훨 날으네
   우리 나라 지켜 주는 동해의 파수꾼
   독도 독도 우리 독도 해가 뜨는 우리 독도

610  **독도는 우리땅**

아티스트: Various Artists
장   르: 동요
발 매 일: 2010.10.4.

611  **독도는 우리땅**

아티스트: Various Artists
장   르: 동요
발 매 일: 2010.9.16.

612 **독도야 독도야**

아티스트: 홍광표
장   르: 가요
발 매 일: 2010.9.15.

독도야 독도야 독도는 한국 한국 땅 독도는 한국 땅
바람 찬 바위 섬에 해가 지며는
누구를 기다리며 저 바다 지키느냐
바람불면 서울 보고 파도치면 평양보네
한국 땅 한국 땅 독도는 한국 땅
울릉도 성인봉아 잠에서 깨어나라
우리 독도 지켜야 한다
해 저문 바위 섬에 달이 뜨며는

누구를 기다리며 저 바다 지키느냐
비가 오면 부산 보고 눈이 오면 원산 보네
한국 땅 한국 땅 독도는 한국 땅
울릉도 성인봉아 잠에서 깨어나라
우리 독도 지켜야 한다. 우리 독도 지켜야 한다

613

독도는 우리땅

아티스트: Various Artists
장   르: 동요
발 매 일: 2010.9.8.

614

독도의 바람

아티스트: 김선
장   르: 가요(트로트)
발 매 일: 2010.8.31.

615

신 독도는 우리땅

아티스트: 서희
장   르: 가요
발 매 일: 2010.7.30.

1. 울릉도 동남쪽 뱃길따라 이백리 더 이상 외롭지 않은 독도는

　　우리땅
　일경 이경 상경수경 육지를 지키고
　해군공군 24시간 바다를 지킨다.
　4천8백만 2천3백만 남북의 연합군 최후의 한 사람까지 일어나리라
　우리땅은 우리땅 우리가 지킨다 완전무장 정신통일 근무 중
　이상무

대한민국 필승코리아 성스러운 우리 영토
도꾸도와 강꼬꾸노 료오도 데스(독도는 한국영토입니다)
도오까(제발) 도오까 우기지 좀 마. 도오까 도오까 우기지 좀 마.

2. 나리, 괭이밥, 민들레, 해국 꽃피는 오월 해삼, 멍게, 소라, 전복
　　싱싱한 해산물
　미래 에너지 불타는 얼음 거대한 매장량
　메탄하이드 바다 깊이 잠들어 있네
　고종칙령 관보41 독도는 우리땅 1900.10.24. 대한제국땅
　연합군지령 677호 독도는 한국땅
　더 이상 무슨 근거가 필요한가 독도는 한국땅

대한민국 필승코리아 성스러운 우리 영토
도꾸도와 강꼬꾸노 료오도 데스(독도는 한국영토입니다)
도오까(제발) 도오까 우기지 좀 마. 도오까 도오까 우기지 좀 마

대한민국 필승코리아 성스러운 우리 영토
도꾸도와 강꼬꾸노 료오도 데스(독도는 한국영토입니다)
도오까(제발) 도오까 우기지 좀 마. 도오까 도오까 우기지 좀 마.
도오까 도오까 우기지 좀 마.

616

독도와 칸코쿠

아티스트: 서희
장　　르: 가요
발 매 일: 2010.7.30.

東海´ 真ん中の美しいドックド
동해 만나카 우츠쿠시이 독도
誰が見ても美しいドックド
다레가 미떼모 우추쿠시이 독도
高句麗·百済·新羅·高麗·ドックド
고구려 백제 신라 고려 독도
二千年·四千年, 大事に ドックド
니센넨, 욘센넨, 다이지니 독도
大韓帝国勅令４１号ドックド
다이칸데이코크 쵸쿠레이 욘주이찌고- 독도

ドックドドックド大韓民国ドックド
독도 독도 다이칸민코크 독도
韓国と日本は仲良い隣国
칸코쿠또 니혼와 나카요이 린코크
過去を清算して未来へ進もう
카코오 세이산시떼 미라이헤 스스메요우
これ以上言い張るな´ 振ってしまえ´ ドックド
코래이죠- 이이하루나, 훗떼시마에,독도
未来へ未来へ未来へ´ ドックド！
미라이헤 미라이헤 미라이헤 독도

鬱陵島(ウルルン島)東南の波路に二百里
울릉시마 도난노 나미지니 니햐꾸리

울릉도 동남쪽 뱃길 따라 이백리
美しい島´ 鳥の故郷
우츠쿠시이 시마, 토리노 후루사토
외로운 섬 하나 새들의 고향
誰かが所有権主張しても
다레까가 쇼유켄 슈쵸시떼모
그 누가 아무리 자기네 땅이라 우겨도
独島は韓国ˊ
독도와칸코-쿠.
독도는 우리 땅.

慶尚北道鬱陵郡独島里１番地
경상북도 울릉군 독도리 이치반치
경상북도 울릉군 독도리 1번지
東経 132 北緯 37
토-케이 햐끄산쥬니 호쿠이 산쥬나나
동경 132 북위 37
平均気温 12度 降水量は 1300
헤이킨키온 쥬니도 코수이료와 센산뱌크
평균기온 12도 강수량은 1300
独島は韓国ˊ
독도와칸코-쿠.
독도는 우리 땅.

617

독도찬가

아티스트: 조민선
장　　　르: 가요
발 매 일: 2010.7.9.

출렁출렁 파도치는 독도로 가자

찬눈 바람을 이겨내면 동해 바다를
지켜온 너는 자랑스런 우리의 한반도 코리아 섬마을이라네
백두대간 가슴에 품고 방가지꽃 아름답게 피우며
변하지 않는 젊은 모습 그대로 보여준 파도여
너는 이젠 외롭지 않으리라
항구에 울리는 뱃고동 소리
사계절 멈추지 않으면
너와 함께 하리라
출렁출렁 배 띄워라 독도로 가자
찬 눈 바람을 이겨내며 동해 바다를
지켜온 너는 자랑스런 우리의 한반도 코리아 섬마을이라네

백두대간 가슴에 품고 방가지꽃 아름답게 피우며
변하지 않는 젊은 모습 그대로 보여준 파도여
너는 이젠 외롭지 않으리라
항구에 울리는 뱃고동 소리
사계절 멈추지 않으면
너와 함께 하리라
출렁출렁 배 띄워라 독도로 가자
찬눈 바람을 이겨내며 동해 바다를
지켜온 너는 자랑스런 우리의 한반도 코리아 섬마을이라네
항구에 울리는 뱃고동 소리
사계절 멈추지 않으면

618

독도는 우리땅

아티스트: 김나영
장   르: 동요
발 매 일: 2010.5.17.

619

독도 인 코리아

아티스트: 나연주
장   르: 가요/발라드
발 매 일: 2010.5.13.

독도는 우리의 땅 독도는 한국의 땅 그 누가 뭐라해도
  변하지 않는다네
독도는 우리의 땅 독도는 한국의 땅 동해바다 지키는 섬
  Dokdo in corea
신라 지증왕 13년 우산국 안에 작은섬 신라와 하나가 된 512년의 봄
도쿠가와 막부문서 당빌의 조선 왕국전도 하야시시헤이의
  삼국접양지도
풍신수길의 팔도전도 대마도와 독도는 조선땅 역사가 말해주네
우리의 독도 독도는 우리의 땅 독도는 한국의 땅 그 누가 뭐라해도
  변하지 않는다네
독도는 우리의 땅 독도는 한국의 땅 동해바다 지키는 섬
  Dokdo in corea D.O.K.D.O
독도라 1900년 대한제국 전 세계에 알렸네
칙령 제 41호 2차대전도 끝나고 해방되던 그 이듬해
연합국 최고 사령부 S.C.A.P.I.N 677호와 1033호 법령 독도는
  한국의 땅
일본은 접근금지 독도는 우리의 땅 독도는 한국의 땅
그 누가 뭐라해도 변하지 않는다네
독도는 우리의 땅 독도는 한국의 땅 동해바다 지키는 섬
  Dokdo in corea
Dokdo in corea Dokdo in corea

620

독도는 우리땅

아티스트: 크레용키즈싱어즈
장　　　르: 동요
발 매 일: 2010.5.3.

621

독도송

아티스트: 윙크
장　　　르: 동요
발 매 일: 2010.4.1.

독도는 우리땅 우리땅 우리땅
울릉도가 어디 있지 (경상북도)
독도는 어디 있지 (울릉도)
독도 독도 독도는 우리땅
아름다운 바위섬
독도 독도 독도가 일본에 있나(아니 아니)
독도는 한국에 있지(맞아 맞아)
독도 독도 독도는 우리땅

아름다운 바위섬
독도 독도 새들이 노래하면(노래하면)
파도가 따라한다(따라한다)
독도는 대한민국 우리 땅이라고
오늘도 힘차게 노래를 한다
독도는 내친구 독도는 우리땅
독도는 우리땅 우리땅 우리땅

622

Do you know Dokdo

아티스트: 소금과 후추
장　　르: 가요(락/메탈)
발 매 일: 2010.1.19.

Take a speedy cruiser, my friend
from the port of Ulleung island
and glide like a silver dolphin
slicing waves with its fin

Keep running eighty-seven kilometer around
south eastern bound,
you'll see Dokdo looking like ocean hermit
having two-little rock summit

Mystic rocks standing tall
steep cliffs like a wall
and many white seagulls flying
got me fascinated in my mind

This is our beautiful Dokdo where
we got to protect with care
from some Japanese pirates
coveting like the rats

She's been keeping us with honesty
in the east since Shilla Dynasty
like the guardian of heirs
for fifteen hundred years

And she has many
migratory fishes in the East sea
and a maritime petro-resources
under the bottom of the deep sea

Do you know Dokdo in the East Sea is Korean land
We all love Dokdo and that island is our land
Do you know Dokdo in the East Sea is Korean land
Won't you leave for Dokdo together with our band

고속정을 타고 울릉도를 떠나 푸른 파도 헤치고 수평선 너머
동남쪽 87키로 달려가면, 동도, 서도 두 개 섬과
그 주변 작은89개 바위섬이 꿈결처럼 나타나네

신비한 바위들, 깎아지른 절벽, 하얀 갈매기 떼들에 넋을 잃고
　　말았네
이 곳이 바로 일부 왜구 후손들이 그토록 침 흘리며
자나 깨나 넘나 보는 아름다운 독도

서기 512년 신라시대 이사부가 우산국을 정복하며 우리 땅 됐고
1500년간 동쪽끝에서 수호신이었던
한류, 난류 교차하는 연안어장과 대화퇴 어장,
천연가스층과 지하자원 보고이고 해양군사요충지

Do you know Dokdo in the East Sea is Korean land
우리들은 우리 땅 독도를 사랑해요
Do you know Dokdo in the East Sea is Korean land
우리 함께 독도로 떠나 봐요

11. 2009년(12월~1월) 앨범 및 가사

623

신 독도는 우리땅

아티스트: 서희
장   르: 가요
발 매 일: 2009.11.17.

울릉도 동남쪽 뱃길따라 이백리
더 이상 외롭지 않은 독도는 우리땅
일경 이경 상경수경 육지를 지키고
해군공군 24시간 바다를 지킨다.
4천8백만 2천3백만 남북의 연합군
최후의 한 사람까지 일어나리라
우리땅은 우리땅 우리가 지킨다
완전무장 정신통일 근무 중 이상무

대한민국 필승코리아 성스러운 우리 영토
도꾸도와 강꼬꾸노 료오도 데스[독도는한국영토입니다]
도오깨제발 도오까 우기지 좀 마.
도오까 도오까 우기지 좀 마.

나리, 괭이밥, 민들레, 해국 꽃피는 오월
해삼, 멍게, 소라, 전복 싱싱한 해산물
미래 에너지 불타는 얼음 거대한 매장량
메탄하이드 바다 깊이 잠들어 있네
고종칙령 관보41 독도는 우리땅

1900.10.24. 대한제국땅
연합군지령 677호 독도는 한국땅
더 이상 무슨 근거가 필요한가 독도는 한국땅

대한민국 필승코리아 성스러운 우리 영토
도꾸도와 강꼬꾸노 료오도 데식독도는한국영토입니다
도오깨제발] 도오까 우기지 좀 마.
도오까 도오까 우기지 좀 마

대한민국 필승코리아 성스러운 우리 영토
도꾸도와 강꼬꾸노 료오도 데식독도는한국영토입니다
도오깨제발] 도오까 우기지 좀 마.
도오까 도오까 우기지 좀 마 도오까 도오까 우기지 좀 마

624

독도 사랑가

아티스트: 박소민
장   르: 가요
발 매 일: 2009.11.16.

동해라 푸른바다 반짝이는 물결속에 힘차게 우두커니
솟아있는 민족의 땀방울이 흘러흘러서 여기왔나
명태와 오징어가 함께 뛰놀고 제주도 쪽빛바람 불어오면
울릉도는 왜 따라 시샘해요
어허라 좋을시고 우리네 강산 홍심치레 넓이련가
연노랑 세오녀의 한이련가

625

그냥 가는길

독도에 비가 내리면

아티스트: 한돌
장　　르: 가요
발 매 일: 2009.11.11.

독도에 비가 내리면 메마른 가슴에
메마른 가슴에 그리움 맺히는 소리
벌거벗은 마음에 빗방울 떨어져
빗방울 떨어져 마음이 간지러워
아~ 이런 비가 밤새 내려준다면
사랑, 그리움, 외로움 한바탕 춤 춤 춤

독도에 비가 내리면 고요한 바다에
고요한 바다에 꽃망울 터지는 소리
상처깊은 사람들 이 비를 맞으면
이 비를 맞으면 꿈처럼 아뭇하네
아~ 이런 비가 밤새 내려준다면
사랑, 그리움, 외로움 한바탕 춤 춤 춤

626

독도는 우리땅

아티스트: Various Artists
장　　르: 동요
발 매 일: 2009.9.7.

627 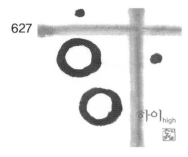 독도를 위하여

아티스트: 하이

장   르: 가요

발 매 일: 2009.7.16.

저기 동쪽 끝 멀리 있는 섬 나와 같은 심장이 뛰는 곳
너무 힘들게만 살다보니 잠시 잊고 살았죠 너의 소중함들을
이젠 우리가 알아야해요 나와 같은 피가 흐르는 곳 항상
나를 지켜만 보는데 우린 너무 멀리만 바라보고 있던거예요

우리의 사랑으로 널 지켜줄께 나의 큰 힘이 되어주겠니
너와 늘 함께할 수 있도록
우린 모두 영원히 너를 지키고 있을께요

우리의 사랑으로 널 지켜줄께 나의 큰 힘이 되어주겠니
너와 늘 함께할 수 있도록
우린 모두 영원히 너를 지키고 있을께요

우리 모두 같이 하나되어 힘을 모은다면
이제 또 다른 시련은 없겠죠
많은 욕심들과 거짓으로 흔들리지마요
우리가 지켜가요 우린 할 수 있어요

우리의 사랑으로 널 지켜줄께 나의 큰 힘이 되어주겠니
너와 늘 함께할 수 있도록
너의 소중함들은 내 곁에서 영원히
항상 우리와 함께있던 곳 너의 소중함을 알고있죠
나와 늘 함께할 수 있도록
우린 모두 영원히 너를 지키고 있을께요
변함없는 마음으로 너를 지키고 있을께요

628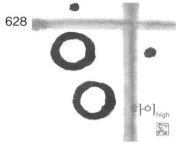

독도야

아티스트: 하이

장   르: 가요

발 매 일: 2009.7.16.

거센파도 밀려오고 눈보라가 몰아쳐도
너는 언제나 동해바다 그 자리에서
우리를 지켜보고 있었다

천년이 지나고 만년이 흘러도
철 따라 새 옷입고
님을 기다리는 새악시처럼

늘 그 자리에서 육지를 향해 다소곳한 너
독도야 이젠 우리가 너를 지켜줄때다
사랑을 보듬고 아무도 얼씬대지 못하도록 지켜봐야 할 때다

629

독도아리아

아티스트: 임산

장   르: 가요

발 매 일: 2009.6.12.

아주 오랜시간 부서지는 파도의 소리로 내마음을 전했죠
나를 잊지말라고 아름다운섬 독도를 가슴이 시릴듯
잊혀졌던 날들도 있지만 내맘은 늘 그랬듯 여기에 있죠

동해의 푸(르)른 가슴속에 나는 살고있어
찬란하게 펼쳐지는 햇살속의 외침 그이름
독도는 내이름 나를 기억해 언제 까지나
세월이 흘러도 가슴속엔 언제나 나를 기억해 독도를
동해의 푸(르)른 가슴속에 나는 살고 있어
찬란하게 펼쳐지는 햇살속의 외침 그이름
독도는 내이름 나를 기억해 언제 까지나
세월이 흘러도 가슴속엔 언제나 나를 기억해 독도를
라라라 라라라 라라라 너를 기억해 언제 까지나
아름다운 우리섬 늘 변함없는 우리땅 우린 사랑해 독~도

630

해 돋는 섬 독도

아티스트: 최정원, 류승각
장   르: 가곡
발 매 일: 2009.5.13.

동해 짙푸른 바다에 아침마다 찬란한 태양을 맨 먼저 맞는 우리 땅
해돋는 섬 아름다운 독도야~
돌 섬 바위 흙에도 눈부신 패랭이 꽃 들국화 들 꽃을 피우고
망망대해 외로운 바닷새 둥지를 품는 아름다운 독도야~ 독도야~
사나운 폭풍 휘몰아쳐도 물 아래 불타는 산호초 키우고
길 잃은 아기 물고기 기르는 어머니~섬
이제 영원히 우리와 함께 할 우리의 땅 독도야~
이제는 천만년 흘러도 외롭지 않아야 할 우리의 파수꾼 독도야~
네가 있어 우리가 있고 우리가 있어 네가 있구나
해돋는 섬 영원하라~ 영원하라~

631  **독도는 우리땅**

아티스트: 이창배
장　　　르: 가요
발 매 일: 2009.3.2.

632  **독도가 달린다**

아티스트: JQ
장　　　르: 가요
발 매 일: 2009.2.25.

d to the o to the k d o 독도 * 4
one two Go!!
Hook] D o k d o 그대 이름은 독도 누가 뭐라한대도 (난 지켜 주겠어)
D o k d o 그대 이름은 독도 모두 함께 세계로 달려가
우산국이라는 하나의 독립국
신라의 이사부 이땅을 정복 그때부터 우리의 땅
독도 성인봉으로부터 동서남북 1만여보
우리의 업보 이땅을 지켜내는 우리국민의 태도
단 한번도 변함 없는 태도 끝까지 물고늘어지는심보
이제는 제발 그 만 냅 둬 우리의 땅 독도
d to the o to the k d o 독도는 우리의땅
d to the o to the k d o 독도 우리의 자존심
D o k d o 그대 이름은 독도 누가 뭐라한대도 (난 지켜 주겠어)
D o k d o 그대 이름은 독도 모두 함께 세계로 달려가
또다시 불거지는 위기론 어이없는 상황들을 보도
전하는 사람도 no 듣는 사람도 no

대한민국 동쪽 땅끝 휘몰아 치는 파도를 숨결로
잠재워 한국인의 얼을 심었다는 말씀
양측 경제계를 협력하는 신시대 젊은세대
그저 평화롭게 우리건 우리가 지킨다 Yeah!
d to the o to the k d o 독도는 우리의땅
d to the o to the k d o 독도 우리의 자존심
D o k d o 그대 이름은 독도 누가 뭐라한대도 (난 지켜 주겠어)
D o k d o 그대 이름은 독도 모두 함께 세계로 달려가
Run to the World Run For the Dokdo
독도는 우리땅 우리가 품은 고국의땅
독도는 자존심 이젠 우리가 지키리
D o k d o 그대 이름은 독도 누가 뭐라한대도 (난 지켜 주겠어)
D o k d o 그대 이름은 독도 모두 함께 세계로 달려가

633

독도송

아티스트: 안지혜
장   르: 동요
발 매 일: 2009.1.1.

울릉도가 어디있지 경상북도
독도는 어디있지 울릉도
독도 독도 독도는 우리땅
아름다운 바위섬 독도 독도
독도가 일본에 있나 (아니 아니)
독도는 한국에 있지 (맞아 맞아)
독도 독도 독도는 우리땅
아름다운 바위섬 독도 독도
새들이 노래하면 (노래하면) 파도가 따라한다
독도는 대한민국 우리땅이라고
오늘도 힘차게 노래를 한다

독도는 우리땅 독도는 우리땅
독도는 우리땅 우리땅

634  **그리운 독도**

아티스트: 박태환

장   르: 가요(트로트)

발 매 일: 2009.1.1.

12. 2008년(12월~1월) 앨범 및 가사

635  **독도의 밝은 아침**

아티스트: 김혜련
장　　르: 동요
발 매 일: 2008.12.9.

출렁출렁 출렁출렁 밀려오는 파도는
독도 섬에 앉는 바위 두드리며 인사를 하죠
싱그러운 풀잎도 흔들흔들 고개 숙여 반갑게 아침 인사를 해요
독도야 안녕 잘 잤니

끼룩끼룩 괭이갈매기 아리랑 춤을 추며
위잉위잉 바람은 노래를 불러 주네 둥실둥실 구름이
반주를 하며 독도의 아침을 열어 주네요

출렁출렁 출렁출렁 밀려오는 파도는
독도 섬의 밝은 아침 열어 주지요
독도의 밝은 아침 독도의 밝은 아침

636  **막내형제 독도**

아 티 스 트: 김혜련

장   르: 동요

발 매 일: 2008.12.9.

백두대간 금수강산 우리 한반도 천지 호수는 하늘 비추는
　거울이라네
한라산은 봄이 오는 소식을 전해주며 동해 바다의 을릉군 독도
막내형제 독도는 철따라 동해바다 찾아오는
오징어 명태와 물고기들의 아주 멋진 놀이터가 되어 주며
굉이갈매기의 (즐거운) 노래 들려주네
사랑스런 독도섬은 우리나라 막내섬
사랑스런 독도섬은 우리나라 막내형제 우리 모두 (사랑해)

637  **독도의 찬가**

아 티 스 트: 김혜련

　　　　　　(손기복, 지종호)

장   르: 동요

발 매 일: 2008.12.9.

출렁 출렁 파도치는 독도 항구야
찬 눈 바람을 이겨내며 동해 바다를 지켜온 너는
자랑스런 우리의 한반도 코리아 섬 마을이라네
백두대간 가슴에 품고
방가지 꽃 (무궁화 꽃) 아름답게 피우며

변하지않는 젊은 모습 그대로 보여주는 독도야
독도야 너는 이제 외롭지 않으리라
독도야 너는 이제 외롭지 않으리라
항구에 울리는 뱃 고동 소리
사계절 멈추지 않으며 너와 함께 하리라
독도야 너는 이제 외롭지 않으리라
독도야 너는 이제 외롭지 않으리라

638

독도는 우리의 왕자 섬

아티스트: 김혜련

　　　　　(손기복, 지종호)

장　　르: 동요

발 매 일: 2008.12.9.

희망의 파도 출렁이는 동해의 왕자 독도는
오고가는 나그네 철새들의 쉼터가 되어주네
새찬 비바람 불어와도 흔들림없이 동해바다의
아름다움을 보여주는 독도는 우리 보물섬
반만년 등대빛이 되어준 독도는 늠름한 우리의 보물
독도와 이어도는 한반도와 이어진
영원한 우리의 땅 우리의 섬
독도와 이어도는 한반도와 이어진
영원한 우리의 땅 바다의 왕자섬

639

Do you know Dokdo?

아티스트: 서 희
장   르: 가요
발 매 일: 2008.12.1.

1. Dokdo the beautiful islands have been parts of Korean land. For the last two thousands of years. They are Korean land. Located in the middle of/ East Sea we call They comprise two main isles/ East and West Islets Everybody wants to be there/ 'cause of the holy sights Everybody wants to be there/ hoping to meet seagulls Yes, nobody is greedy for them/ 'cause of the holy sights But some people covet them/ that is real nonsense! Korea Korea/ proud to be Koreans I'm willing to/ die for the peace of Korea Dokdo Dokdo/ I'll keep it for my sake I love I love/ Dokdo forever I love I love/ Dokdo forever

2. Dokdo the peaceful islands have been/ parts of Korean hearts Since the Shilla King Jijung/ conquered Usan Land Though the long war was over/, some ones feel no peace yet Foolish men start to say/ silly empty talks Everybody wants to be there/ 'cause of the holy sights Everybody wants to be there/ hoping to meet seagulls Yes, nobody is greedy for them/ 'cause of the holy sights But some people covet them/that is real nonsense! Korea Korea/ proud to be Koreans I'm willing to/ die for the peace of Korea Dokdo Dokdo/ I'll keep it for my sake I love I love/ Dokdo forever I love I love/ Dokdo forever Korea Korea/ proud to be Koreans I'm willing to/die for the peace of Korea Dokdo Dokdo/ I'll keep it for my sake I love I love/ Dokdo forever I love I love/ Dokdo forever I love I love/ Dokdo forever

640

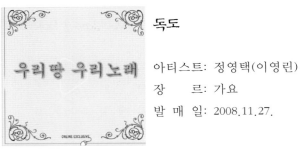

독도

아티스트: 정영택(이영린)
장　　　르: 가요
발 매 일: 2008.11.27.

백두와 태백의 줄기 동해로 뻗어
수천년 비바람에 우뚝 솟은 독도여
의연한 네 모습은 변함이 없구나
험한 파도 가슴에 안고 네 홀로 지키는구나
끝없이 이름을 그립게 불러본다
독도여 독도여

넘실대는 동해바다 한 가운데 떠 있는 작은 바위섬
수 천년 비바람에도 의연히 서 있는 우리의 섬 독도여
고기잡이 어부들이 잠시 쉬었다 가고
갈매기떼 어우러져 춤추며 노래하는 곳
그곳은 사랑의 섬 우리의 독도

641

그거 알어? 독도는 우리땅이야

아티스트: Jepal
장　　　르: 가요
발 매 일: 2008.11.14.

トクトは韓の領土です. (독도는 한국영토입니다)
トクトは韓の領土です. (독도는 한국영토입니다)

日本のいろんな地にも (일본의 여러 지도에도)
トクトは韓の領土と (독도는 한국영토라고)
出ています. 出ています. (되어있습니다 되어있습니다)
トクトは竹島じゃないです. (독도는 다케시마가 아닙니다)

642

독도, 너는 동해에 서 있구나

아티스트: 하석배

(박원자, 오숙자)

장   르: 창작가곡

발 매 일: 2008.10.23.

1. 검푸른 바다 동해에 아득히 멀리
   찬란한 태양이 빚어놓는 그 섬 하나
   휘몰아치는 파도에 아득히 멀리
   찬란한 태양이 빚어놓는 그 섬 하나
   억겁 세월 흘렀어도 수려한 그 자태
   망망 대해의 무수한 풍랑에도
   민족의 수호신 되어 가슴에 해를 담아
   꿈꾸며 동해에 서 있구나.

2. 거치른 파도 달래어 단잠을 재우고
   겨레의 가슴에 우뚝 솟은 그 섬 하나
   하늘처럼 드넓고 언제나 푸르른
   겨레의 가슴에 우뚝 솟은 그 섬 하나
   대대손손 지켜야할 우리의 독도여
   파도처럼 일렁이는 가슴에
   민족의 파수병되어 그자리 그곳에
   묵묵히 동해에 서 있구나.

643 독도 799-805

아티스트: 이리
장   르: 가요
발 매 일: 2008.10.8.

꼭두 각시 인형 피노키오 나는 네가 좋구나
파란머리 천사 만날때는 나도 데려가 주렴
피아노 치고 미술도 하고 영어도 하면 바쁜데
너는 언제나 놀기만 하니 말썽쟁이 피노키오야
우리아빠 꿈속에 오늘 밤에 나타나
내 얘기좀 잘해 줄수 없겠니~
먹고 싶은 것이랑 놀고 싶은 놀이랑
모두모두 할수 있게 해줄래~

꼭두 각시 인형 피노키오 나는 네가 좋구나
장난감의 나라 지날때는 나도 데려가주렴
숙제도 많고 시험도 많고 할일도 많아 바쁜데
너는 어째서 놀기만 하니 청개구리 피노키오야
우리엄마 꿈속에 오늘 밤에 나타나
내얘기좀 잘해 줄수 없겠니~
먹지마라 살찐다 하지 마라 나쁘다
그런 말좀 하지 않게 해줄래~

꼭두 각시 인형 피노키오 나는 네가 좋구나
파란머리 천사 만날때는 나도 데려가주렴
학교다니고 학원다니고 독서실가면 바쁜데
너는 어째서 게으름 피니 제페토의 피노키오야
엄마 아빠 꿈속에 오늘 밤에 나타나
내 얘기 좀 잘해 줄 수 없겠니~
피노키오 줄타기 꼭두각시 줄타기
그런 아이 되지 않게 해줄래~
그런 아이 되지 않게 해줄래~

644

독도는 우리땅

아티스트: 아이시대
장   르: 동요
발 매 일: 2008.10.7.

645

독도는 우리땅

아티스트: Various Artists
장   르: 동요
발 매 일: 2008.9.26.

646

독도로 날아간 호랑나비

아티스트: 김흥국
장   르: 가요
발 매 일: 2008.9.19.

울릉도 동남쪽 뱃길따라 날아간 호랑나비 호랑나비
성난 호랑나비 왜 왜 독도로 날아갔을까
기회만 있으면 독도를 노려 조금만 틈을 주면
자기네 땅이라고 우겨 으아 정말 열받는구나
(대한민국) (대한민국)
호랑나비야 지켜라 아름다운 독도 지켜라
호랑나비야 외쳐라 동쪽에다 크게 외쳐라

독도는 우리땅 독도는 한국땅
울릉도 동남쪽 뱃길따라 날아간 호랑나비 호랑나비
성난 호랑나비 왜 왜 독도로 날아갔을까
기회만 있으면 독도를 노려
조금만 틈을 주면 자기네 땅이라고 우겨
으아 정말 열받는구나 (대한민국) (대한민국)
호랑나비야 지켜라 아름다운 독도 지켜라
호랑나비야 외쳐라 동쪽에다 크게 외쳐라
독도는 우리땅 (우리땅) 독도는 한국땅 (한국땅)
대마도도 우리땅 우리땅

647 아름다운 독도

아티스트: 김흥국
장   르: 가요
발 매 일: 2008.9.19.

나는 가리라 그 섬에 가리라
아침 해 첫 태양 떠오르는 거룩한 우리의 땅
애야 일어나라 너도 가자꾸나
참나리 꽃향기 흐르는 아름다운 독도로
너도 가고 싶지 그 섬에 가고 싶지
가슴을 울리는 그 힘을 너도 느꼈구나
애야 일어나라 함께 가자꾸나
갈매기 친구 널 기다리는 아름다운 독도로
우리 가리라 그 섬에 가리라
거치른 파도 날 막아도 끝까지 가리라
애야 일어나라 모두 가자꾸나
비바람 긴 세월 이겨낸 아름다운 독도로

648

Mr.Tak-독도문신

아티스트: 타투네이션

장   르: 가요

발 매 일: 2008.9.12.

타투를 새길꺼라고 딱 결심하고서는 어떤걸 새기지 고민했지
어느 철학가들이 했던 명언들이나 예수 말씀 노노 마히어로
　　마이클잭슨
노래 가사 아니면 출생년도 84 한자를 쓴다면 4자성어가 좋겠지
갖다 붙이기 나름이잖아
가타부타 따지는건 내 스탈이 아니니까
그럼 노상방뇨 아니면 안성탕면 이걸 한자로 쓰면은 간지 날것
　　같지만
역시 레터링보다 음 그림을 그리자
어떤걸 그릴까 난 고민해 봤어
마침 티비 속에서 또 독도는 우리땅 독도 그래 독도 독도를 팔에
　　새기자
독도 지도를 그대로 내 팔뚝에 새기자 부숫 해놓고 보니까 점같네
　　제기랄

친구들부터 지나가는 고삐리도 내 팔뚝을 볼때면 웃곤해 풉풉풉
아씨 이건 점이 아니라 타투라고 어 점이네
독도 타투라고 점이네 타투라고 타투
종현아 그럼 점이 영어로 타투니 네
오늘에 일기 아버지를 속일 생각은 없었다
내가 잠든 사이에 엄마는 이테리 타올로
내 팔뚝에 뭐가 묻었다서 빡빡 문질렀다
아파서 죽을 뻔했다 피가 났다
하지만 나는 자는 척 했다
엄마 미안해 뭐 묻은거 아니야

하나뿐인 너무 이쁜 내 여자친구
나를 보고 누구시냐고 장난치구
장난치지 말라니까 막 정색했어
소변검사 해보제 오빠 약했는지
십분동안 말걸지 말래서 난 맘상했어
십분뒤에 말거니까 십분더 연장했어

티코를 팔고 마침 구정이니까 조카들
세뱃돈 뻥뜯고 돈 만들어 피부과를 갔는데 간호사가 묻더라
어떻게 오셨어요 문신 지우게요라고 답하면서
팔을 걷어 붙였지 아 점빼시게요
점이 아니라 타투지 잘봐 이건 독도야
울릉도 동남쪽 뱃길따라 이백리 독도는 우리땅 할때 그 독도라고 어
나쁜년 넌 상관없겠지만 난 상처 받았어 돌이킬 순 없어
널 저주하겠어 니 홈피를 찾아서
행운에 편지를 적겠어
하루에 한번씩 이편지를 100통 복사해서 다른 사람의 미니홈피에
　　남기시오
그렇지 않으면 이마에 독도 문신이 생김
믿거나 말거나 넌 이마에 독도 문신이 생기고
독도 홍보대사가 될꺼다 미스 독도

아니 그분이 우리 간호사한테 막 소리를 질렀대요
행운의 편지 쓴다고 완전 미친놈이지
문신을 지워달라고 왔는데 문신이 없는거야
문신이 있어야 지울꺼 아니냐고 그랫더니
점을 보여주면서 이게 문신이니까 지우래
점을 갖고 문신이라고 지우라는거에요
아진짜 별 미친놈을 다보겠네 진짜
그래서 뭘 어떻게 해요 알아듣게 얘기를 했지
이건 문신이 아니라 점이니까 레이저로 점을 뺍시다
그랬더니 막 안된데 이거는 문신이라는거에요

649

독도에서 만납시다

아티스트: 배나성
장   르: 가요
발 매 일: 2008.9.12.

동해바다 멀리 새들이 살고 태극기 날리는
외로운 섬 우리의 땅 독도를 아십니까
출렁출렁 바닷길에 갈매기 떼 벗을 삼아
무인도에 내렸다가 뱃머리를 돌리며
아름다운 작은 섬 독도에서 만납시다
됐나 됐다 화끈하게 됐나 됐다 화끈하게
독도에서 만납시다

동해바다 멀리 꽃들이 피고 애국가 들리는
머나먼 섬 우리의 땅 독도를 가 갔나요
출렁출렁 바닷길에 갈매기떼 벗을 삼아
무인도에 내렸다가 뱃머리를 돌리며
아름다운 작은 섬 독도에서 만납시다
됐나 됐다 화끈하게 됐나 돼다 화끈하게
독도에서 만납시다

650

우기지좀 마세요

아티스트: 하람공주
장   르: 가요
발 매 일: 2008.8.13.

엄마~ 독도는 누구네 땅이야
그야물론 대한민국 땅이지
근데 왜 일본 사람들은
왜 자꾸 독도가 자기땅이래?
그러게 말이다
독도가 우리땅이라는건~
너무나 당연한데
왜 자꾸 달라는건지
난 이해가 안돼
독도는 대한민국 땅
독도는 우리의 땅
다신 그러지 마요
제발 우기기 좀 마세요
제발 우기기 좀 마세요
독도가 우리땅이라는 건~
너무나 당연한데
왜 자꾸 달라는건지
난 이해가 안돼
독도는 대한민국 땅
독도는 우리의 땅
다신 그러지 마요
제발 우기기좀 마세요
제발 우기기좀 마세요
독도가 우리땅이라는건~
너무나 당연한데
왜 자꾸 달라는건지 난 이해가 안돼
독도는 대한민국 땅
독도는 우리의 땅
다신 그러지 마요
제발 우기기 좀 마세요
제발 우기기 좀 마세요
독도가 우리땅이라는 건~
너무나 당연한데
왜 자꾸 달라는건지 난 이해가 안돼

독도는 대한민국 땅
독도는 우리의 땅
다신 그러지 마요
제발 우기기 좀 마세요
제발 우기기 좀 마세요
네?!

651

독도는 우리땅

아티스트: TV Mania
장　　르: 가요
발 매 일: 2008.8.13.

울릉도 동남쪽 뱃길 따라 이 백리 외로운 섬 하나 새들의 고향
그 누가 아무리 자기네 땅이라고 우겨도 독도는 우리땅
경상북도 울릉군 남면도동 일번지 동경 백 삼십이 북위 삼십 칠
평균기온 십이도 강수량은 천삼백 독도는 우리땅
오징어 꼴뚜기 대구명태 거북이 연어알 물새알 해녀 대합실
십 칠만 평방미터 우물 하나 분화구 독도는 우리땅
독도는 우리땅 독도는 우리땅
그곳은 동해의 작은섬 그곳은 동해의 작은섬
이제는 남한땅 울릉도 동남쪽 뱃길 따라 이 백리
외로운 섬 하나 새들의 고향
그 누가 아무리 자기네 땅이라고 우겨도 독도는 우리땅
독도는 우리땅 독도는 우리땅

652

우기지좀 마세요

아 티 스 트: Various Artists
장   르: 가요
발 매 일: 2008.8.13.

엄마~ 독도는 누구네 땅이야
그야물론 대한민국 땅이지
근데 왜 일본 사람들은 왜 자꾸 독도가 자기땅이래?
그러게 말이다
독도가 우리땅이라는건~ 너무나 당연한데 왜 자꾸 달라는건지
　난 이해가 안돼
독도는 대한민국 땅 독도는 우리의 땅
다신 그러지 마요 제발 우기기 좀 마세요 제발 우기기 좀 마세요
독도가 우리땅이라는 건~ 너무나 당연한데
왜 자꾸 달라는건지 난 이해가 안돼
독도는 대한민국 땅 독도는 우리의 땅 다신 그러지 마요 제발
　우기기좀 마세요
제발 우기기좀 마세요 독도가 우리땅이라는건~ 너무나 당연한데
왜 자꾸 달라는건지 난 이해가 안돼
독도는 대한민국 땅 독도는 우리의 땅 다신 그러지 마요
제발 우기기 좀 마세요 제발 우기기 좀 마세요
독도가 우리땅이라는 건~ 너무나 당연한데
왜 자꾸 달라는건지 난 이해가 안돼
독도는 대한민국 땅 독도는 우리의 땅
다신 그러지 마요 제발 우기기 좀 마세요 제발 우기기 좀 마세요 네?!

653   **원래 우리꺼잖아**

아티스트: Various Artists
장   르: 가요
발 매 일: 2008.8.13.

누나 일본놈이 독도가 자기꺼래 (뭐뭐뭐라고?)
일본놈이 (뭐뭐뭐라고?)
자기꺼래 아 어이없어 웃겨 이 나쁜놈들 독도는 우리꺼야
  (꺼꺼꺼꺼꺼져)
어이없어 (꺼꺼꺼꺼꺼져) 바보 이 나쁜놈들(어어어어어이없어)
원래 우리꺼잖아 지지지지옥에나 가버려 독도는 우리꺼야
  지옥에나 가버려
바보 똥개(뭐뭐뭐라고?) 독도는 우리꺼야(꺼꺼꺼꺼꺼져) 어이없어
  (꺼꺼꺼꺼꺼져)
멍청이 이 나쁜놈들(어어어어어이없어) 멍청이 원래 우리꺼잖아 똥개
(지지옥에나 가버려)
독도는 우리꺼야 (지지옥에나 가버려) 멍청이 똥개 원래 우리꺼잖아
누나 일본놈이 독도가 자기꺼래 (뭐뭐뭐라고?)
일본놈이 (뭐뭐라고?) 자기꺼래 아 어이없어 웃겨
이 나쁜놈들 독도는 우리꺼야(꺼꺼꺼꺼꺼져) 어이없어(꺼꺼꺼꺼
  꺼져) 바보
이 나쁜놈들(어어어어어이없어) 원래 우리꺼잖아
지지지지옥에나 가버려 독도는 우리꺼야 지옥에나 가버려
바보 똥개(뭐뭐뭐라고?) 독도는 우리꺼야(꺼꺼꺼꺼꺼져)
어이없어(꺼꺼꺼꺼꺼져) 멍청이 이 나쁜놈들(어어어어어이없어)
멍청이 원래 우리꺼잖아 똥개 (지지옥에나 가버려)
독도는 우리꺼야 (지지옥에나 가버려) 멍청이 똥개 독도는
  우리꺼야(꺼꺼꺼꺼꺼져)
어이없어(꺼꺼꺼꺼꺼져) 멍청이 이 나쁜놈들(어어어어어이없어)
멍청이 원래 우리꺼잖아 똥개 (지지옥에나 가버려)
독도는 우리꺼야 (지지옥에나 가버려)
멍청이 똥개 원래 우리꺼잖아 태권도로 무찌른다!!

654

제발 그만좀 해라

아티스트: Various Artists
장   르: 가요
발 매 일: 2008.8.13.

창피함을 모르는 일본놈들 개념을 상실했는지 독도가 자기땅이래
어설픈 너희에 수작질은 우리에게 너무도 귀찮을 뿐이야
독도는 우리땅 말도 안되는 너의 말들은 오 제발 그만좀 해라
창피함을 모르는 일본놈들 개념을 상실했는지 독도가 자기땅이래
어설픈 너희에 수작질은 우리에게 너무도 귀찮을 뿐이야
독도는 우리땅 말도 안되는 너의 말들은 오 제발 그만좀 해라
창피함을 모르는 일본놈들 개념을 상실했는지 독도가 자기땅이래
어설픈 너희에 수작질은 우리에게 너무도 귀찮을 뿐이야
독도는 우리땅 말도 안되는 너의 말들은 오 제발 그만좀 해라

655

독도 799-805

아티스트: 이리
장   르: 가요
발 매 일: 2008.8.7.

꼭두 각시 인형 피노키오 나는 네가 좋구나
파란머리 천사 만날때는 나도 데려가 주렴
피아노 치고 미술도 하고 영어도 하면 바쁜데
너는 언제나 놀기만 하니 말썽쟁이 피노키오야
우리아빠 꿈속에 오늘 밤에 나타나
내 얘기 좀 잘해 줄 수 없겠니~

먹고 싶은 것이랑 놀고 싶은 놀이랑
모두모두 할수 있게 해줄래~

꼭두 각시 인형 피노키오 나는 네가 좋구나
장난감의 나라 지날때는 나도 데려가주렴
숙제도 많고 시험도 많고 할일도 많아 바쁜데
너는 어째서 놀기만 하니 청개구리 피노키오야
우리엄마 꿈속에 오늘 밤에 나타나
내애기좀 잘해 줄수 없겠니~
먹지마라 살찐다 하지 마라 나쁘다
그런 말좀 하지 않게 해줄래~

꼭두 각시 인형 피노키오 나는 네가 좋구나
파란머리 천사 만날때는 나도 데려가주렴
학교다니고 학원다니고 독서실가면 바쁜데
너는 어째서 게으름피니 제페토의 피노키오야
엄마 아빠 꿈속에 오늘 밤에 나타나
내애기좀 잘해 줄수 없겠니~
피노키오 줄타기 꼭두각시 줄타기
그런 아이 되지 않게 해줄래~
그런 아이 되지 않게 해줄래~

656

독도송

아티스트: 노현태
장　　　르: 동요
발　매　일: 2008.8.1.

울릉도 동남쪽 우리들의 섬 지금껏 힘들게 지켜온 독도
때론 말들이 많은 시간들이었지만 모두 힘을 모아 두손을 꼭 잡고
우리는 독도를 지켜 나가야 한다

이제는 더이상 두고 볼수 없어 Let,s Go !!!
나~~~~~~~~~코리아 나~~~~~~독도는 우리땅
나~~~~~~~~~코리아 나~~~~~~독도는 우리땅
우리 모두가 하나되어서 독도 사랑해야해
우리 모두가 강해지도록 독도 지켜 줘야해
일본 사람들 완전 우겨도 독도 우리들의 땅
세상 사람들 크게 듣도록 우리 함께 외쳐봐
독도 독도 독도 대 한 민 국
나~~~~~~~~~코리아 나~~~~~~독도는 우리땅
나~~~~~~~~~코리아 나~~~~~~독도는 우리땅

657

독도는 우리땅

아티스트: 오키

장　　르: 동요

발 매 일: 2008.7.22.

658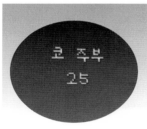

독도는 우리땅

아티스트: 코주부

장　　르: 동요

발 매 일: 2008.7.21.

659

Singer Songwriter
왜 또건드려(독도) / 슬픈 비밀 / Lee blues / 내 사랑은 그대뿐

이용우

왜 또 건드려

아티스트: 이용우
장   르: 가요(발라드)
발 매 일: 2008.7.14.

왜 또 건드려 독도는 우리땅인데
말도 안돼는 소리로 화나게 하지마
바다제비 괭이갈매기 딱새 노랑말도요
울릉도 독도는 형제야 대한민국야
나 어릴적 기타를 튕기며 부르던 노래
새들의 고향 우리바다 지키는 독도는 우리땅
아는 사람 알아 모두 다 알아
남과 북이 다 알아 세월이 흐르고 세상이 변해도
독도는 우리땅 독도는 우리땅
우리의 바다 지키는 우리의 영원한 마음의 등대
왜 또 건드려 독도는 우리 땅인데
말도 안되는 소리로 화나게 하지마
나 어릴적 기타를 튕기며 부르던 노래
새들의 고향 우리바다 지키는 독도는 우리땅
아는 사람 알아 모두 다 알아
남과 북이 다 알아 세월이 흐르고 세상이 변해도
독도는 우리땅 독도는 우리땅
우리의 바다 지키는 우리의 영원한 마음의 등대
왜 또 건드려 독도는 우리 땅인데
말도 안되는 소리로 화나게 하지 마
바다제비 괭이갈매기 딱새 노랑말도요
울릉도 독도는 형제야 대한민국야
자 우리 힘 모아 우리 땅 지켜 내야 해
말도 안되는 소리에 흔들리면 안돼

660 **독도는 한국땅**

아티스트: 정찬용
장　　　르: 가요
발 매 일: 2008.7.2.

오천년 역사위에 동해바다 땅 끝에
한반도 우리의 땅 독도는 알고 있다
한마음 한 뜻으로 지켜야 할 독도
크게 한번 외쳐라
독도는 한국 땅
일어나라 대한민국 우리는 할 수 있다
우뚝 서라 대한민국 독도는 한국 땅
새들이 노래하고 푸른 바다 춤추는

한반도 우리의 땅 독도는 알고 있다
한마음 한 뜻으로 지켜야 할 독도
크게 한번 외쳐라 독도는 한국 땅
일어나라 대한민국 우리는 할 수 있다
우뚝 서라 대한민국 독도는 한국 땅
일어나라 대한민국 우리는 할 수 있다
우뚝 서라 대한민국 독도는 한국 땅
독도는 한국 땅

661 **독도는 우리땅**

아티스트: Various Artists
장　　　르: 동요
발 매 일: 2008.6.27.

662

아름다운 독도

아티스트: 안지혜
장   르: 동요
발 매 일: 2008.6.12.

1. 태극기 펄럭이어
   자랑스런운 조상이 물려준 우리 땅 독도
   언제나 즐거운 새들의 노래
   대한민국 독도가 정말 좋대요
   아~~ 우리가 지켜준 우리의 땅 독도
   끝 없이 끊임없이 노래 할래요

2. 태극이 휘날리어
   더한은 동해에 우뚝선 우리 땅 독도
   언제나 정다운 파도의 노래
   대한민국 독도가 정말 좋대요
   아~~ 우리가 항복한 우리의 독도
   끝 없이 끊임없이 사랑할래요

663

독도는 우리땅

아티스트: Various Artists
장   르: 동요
발 매 일: 2008.5.27.

664

독도는 우리땅

아티스트: Various Artists
장   르: 동요
발 매 일: 2008.5.27.

665

독도는 대한민국 섬

아티스트: 노영구
장   르: 가요
발 매 일: 2008.5.15.

666

독도는 우리땅

아티스트: 류지연
장   르: 동요
발 매 일: 2008.5.5.

667

독도를 사랑해

아티스트: 윤정열
장   르: 가요(국악)
발 매 일: 2008.5.1.

독도를 사랑해 독도를 사랑해
독도여 독도여 독도여
독도를 사랑해 독도를 사랑해
독도여 독도여 독도여

너는 내 곁에 나는 네 곁에
어쩌면 이렇게 잘생겼니
그래 이렇게 항상 이렇게
너만을 지키며 살아 야지

너를 사랑해 정말로 사랑해
내 곁을 내 곁을 떠나지마
너 없인 못살아 정말로 못살아
너 라면 너 라면 어쩌겠니

너에 손 잡을게 내손을 꼭 잡아
놓치면 안된다 큰일 난다
훔치진 못해도 훔~치진 못해도
뺏기진 뺏기진 말아야지.

668

독도를 사랑해

아티스트: 김인숙
장   르: 가요(국악)
발 매 일: 2008.5.1.

669

독도... 대한민국의 땅

아티스트: 더더
장   르: 가요(국악)
발 매 일: 2008.2.29.

잔잔한 파도가 일렁이네
고기잡는 어부의 노래와
넓다란 하늘 사이사이
자유로운 갈매기들의 날개짓

아름다운 이 곳이
바로 독도라 이름 지은
대한민국의 땅

많은 슬픔과 뼈에 박힌 서러움
지킬 힘이 없던 부끄러운 우리였지만
이젠 스스로 이겨내고 일어서야 해
대한민국의 땅

거치른 바람이 불어오네
하나둘씩 고단한 날개 쉬는곳
넓다란 바다 한가운데
모진 바람 세월속에도 당당한

아름다운 이곳이
바로 독도라 이름지은
대한민국의 땅

많은 슬픔과 뼈에 박힌 서러움
지킬 힘이 없던 부끄러운 우리였지만
이젠 스스로 이겨내고 일어서야 해
대한민국의 땅

670

독도편지

아티스트: 위현지

　　　　　(박수진, 김정철)

장　　　르: 가요

발 매 일: 2008.2.28.

경상북도 울릉군 독도리 우편번호 799에 805
독도 찾아 왔어요 산 넘고 바다 건너
아름다운 울릉도에 꿈을 안고 왔어요
비바람이 길을 막아 갈 수는 없지만

눈 감아도 보여요 마음 속에 그려져요
갈매기 노래하고 나리꽃 손짓하는 섬
나는 나는 그곳으로 편지를 쓸거예요
독도는 우리땅 대한민국 땅이에요
그리운 사연 가득 담아서 편지를 띄울 거예요

671

해가 뜨는 우리 독도

아티스트: Various Artists

장　　　르: 동요

발 매 일: 2008.2.20.

1. 동해바다 독도에서 아침해가 떠오르네
   삼천리 새 아침이 독도에서 활짝 열리네
   바다위에 우뚝 솟은 두개 봉우리
   독도 독도 우리 독도 해가 뜨는 우리 독도

2. 동해바다 독도에서 아침해가 떠오르네
   깃발이 나부끼네 물새떼가 훨훨 날으네
   우리나라 지켜주는 동해 파수꾼
   독도 독도 우리 독도 해가 뜨는 우리 독도

672

독도, 독도여

아티스트: 구준회(김애경)

장   르: 가요

발 매 일: 2008.2.12.

독도바다 푸른 파도 망망한 그 곳에
국토의 출발점으로 의연히 솟구쳤네
여기까지 대한의 땅 두 눈 치켜 뜨니
우뚝한 바위섬 독도여 우리가 있다.
폭풍우 눈보라 참아내고 이겨나가는
민족혼의 기상은 꿋꿋하구나
우리의 얼 우리의 피 서려있는 땅
빛나는 이름으로 영원하여라
폭풍우 눈보라 참아내고 이겨나가는
민족혼의 기상은 꿋꿋하구나
우리의 얼 우리의 피 서려있는 땅
빛나는 이름으로 영원하여라
독도, 독도여 우리사랑 독도여
독도, 독도여 우리사랑 독도여

13. 2007년(12월~1월) 앨범 및 가사

673

독도

아티스트: 신재혁

　　　　　　(정민시, 오세균)

장　　　르: 동요

발 매 일: 2007.12.28.

우리나라 동쪽 끝에 바위섬 하나
독도사랑 나라사랑 우리나라 땅
매일아침 제일먼저 해가 뜹니다.

674

내사랑 독도여

아티스트: 현가요합창단

장　　　르: 가요

발 매 일: 2007.8.22.

675 독도의 찬가

독도의 찬가

아티스트: 이창섭(손기복)
장   르: 가요
발 매 일: 2007.8.17.

출렁 출렁 파도치는 독도 항구야
찬 눈 바람을 이겨내며 동해 바다를 지켜온 너는
자랑스런 우리의 한반도 코리아 섬 마을이라네
백두대간 가슴에 품고
방가지 꽃 (무궁화 꽃) 아름답게 피우며
변하지않는 젊은 모습 그대로 보여주는 독도야
독도야 너는 이제 외롭지 않으리라
독도야 너는 이제 외롭지 않으리라
항구에 울리는 뱃 고동 소리
사계절 멈추지 않으며 너와 함께 하리라
독도야 너는 이제 외롭지 않으리라
독도야 너는 이제 외롭지 않으리라

676

독도는 우리땅

아티스트: 노선민, 한보미
장   르: 동요
발 매 일: 2007.5.18.

울릉도 동남쪽 뱃길따라 이백리
외로운 섬하나 새들의 고향
그 누가 아무리 자기네 땅이라고 우겨도
독도는 우리땅 우리땅

677

독도는 우리땅

아티스트: 조영남, 김도향
장　　르: 가요
발 매 일: 2007.5.15.

678

독도는 한국땅

아티스트: 양지원
장　　르: 가요(트로트)
발 매 일: 2007.5.15.

야야야 야야야 야야야야야
야야야 야야야 야야야야야 독도는 한국땅
독도에다가 수도를 옮겨 그곳에다 청와대를 세우자
국회도 옮기고 정부청사도 옮기고
국방부도 그곳에다 만들자
말도 안 될 망언을 늘어 놓으며
역사까지 마음대로 바꾼 사람들
아프리카 원주민도 웃을 일이야 기막힐 일이야
언제 언제까지나 영원 영원하도록
소중하게 지키자 우리 섬 독도는 한국 땅

야야야 야야야 야야야야야
야야야 야야야 야야야야야 독도는 한국땅
독도에다 거북선을 띄워 다시 한 번
충무공을 기리자
시비를 건다면 그냥 둘 수 없잖아

이젠 정말 진짜 진짜 못 참아
말도 안 될 억지를 늘어놓으며
지도까지 마음대로 바꾼 사람들
별 나라 외계인도 웃을 일이야 기막힐 일이야
넘볼 것을 넘봐라 탐낼 것을 탐내라
확실하게 지키자 우리 섬 독도는 한국 땅
말도 안 될 망언을 늘어 놓으며
역사까지 마음대로 바꾼 사람들
세살배기 어린애도 웃을 일이야 기막힐 일이야
언제 언제까지나 영원 영원하도록
소중하게 지키자 우리 섬 독도는 한국 땅
독도는 한국 땅 독도는 한국 땅 독도

679  **독도의 노래**

아티스트: 임성규
장   르: 가곡
발 매 일: 2007.4.19.

검푸른 바다 한가운데 홀로 우뚝서서
여명의 아침 밝히는 동해의 보배 독도여
드넓은 바다 한 가운데 갈매기 쉬어가는
새벽을 여는 빛이여 내일을 밝히는 등대여
나의 사랑 독도여 나의 사랑 독도여
자유의 빛으로 비춰라 영원의 빛으로 비춰라
나의 사랑 독도여 나의 사랑 독도
희망의 날개로 날아라 평화의 날개로 날아라

680

독도, 너는 동해에 서 있구나

아티스트: 하석배
장   르: 가곡
발 매 일: 2007.4.11.

1. 검푸른 바다 동해에 아득히 멀리
   찬란한 태양이 빚어놓는 그 섬 하나
   휘몰아치는 파도에 아득히 멀리
   찬란한 태양이 빚어놓는 그 섬 하나
   억겁 세월 흘렀어도 수려한 그 자태
   망망대해의 무수한 풍랑에도
   민족의 수호신 되어 가슴에 해를 담아
   꿈꾸며 동해에 서 있구나.

2. 거치른 파도 달래어 단잠을 재우고
   겨레의 가슴에 우뚝 솟은 그 섬 하나
   하늘처럼 드넓고 언제나 푸르른
   겨레의 가슴에 우뚝 솟은 그 섬 하나
   대대손손 지켜야할 우리의 독도여
   파도처럼 일렁이는 가슴에
   민족의 파수병 되어 그 자리 그곳에
   묵묵히 동해에 서 있구나.

681 아름다운 독도

아티스트: Various Artists
장 르: 동요
발 매 일: 2007.3.27.

태극기 펄럭이어 자랑스런 조상이 물려준 우리 땅 독도
언제나 즐거운 새들의 노래 대한민국 독도가 정말 좋대요
아~아아 우리가 지켜줄 우리 땅 독도
끝없이 끊임없이 노래할래요

태극기기 휘날리어 아름다운 꿈에 우뚝선 우리땅 독도
언제나 정다운 파도의 노래 대한민국 독도가 정말 좋대요
아~아아 우리가 가꿔갈 우리 땅 독도
끝없이 끊임없이 사랑할래요.

682 독도아리랑

아티스트: 김성봉
장 르: 가요
발 매 일: 2007.3.12.

아리 아리 아리랑 아라리가 났네
아리아리 고개로 날아드는 갈매기
해가 뜨나 달이 뜨나 우리 땅 독도
출렁출렁 파도 속에 외로움 싣고
물고기도 웃고 있소 헛소리 말아
본 향은 대한민국 고향 울릉도
그누가 뭐라해도 독도는 우리땅

어머님의 치마폭을 잡고 잡았네
뱃고동 소리마다 그리움 담아
바람에 펄럭이는 태극기 물결
체구는 작으나마 자존은 있어
꿋꿋한 기상인줄 우린 알았네
아침해 저녁달도 놀다가 기세
다 같이 불러보는 독도의노래
외로움 달래보는 물고기들아
찾아가세 찾아가 독도 선착장
남에 땅 탐낸다고 네것이 되나
하늘도 아는 사실 꿈을 깹시다
우리 모두 다 같이 하나된 마음
입을모아 불러보세 독도의 노래
아리 아리 아리랑 아라리가 났네
아리아리 고개로 날아드는 갈매기
아리 아리 아리랑 아라리가 났네
아리아리 고개로 날아드는 갈매기

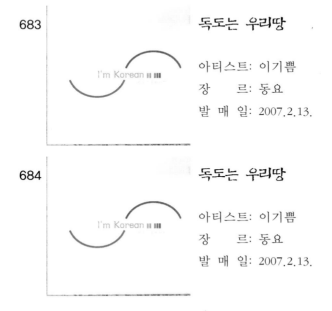

683

독도는 우리땅

아티스트: 이기쁨
장   르: 동요
발 매 일: 2007.2.13.

684

독도는 우리땅

아티스트: 이기쁨
장   르: 동요
발 매 일: 2007.2.13.

685  **독도는 한국땅**

아티스트: 소명
장　　르: 가요
발 매 일: 2007.1.10.

독도에다가 수도를 옮겨 그곳에다 청와대를 세우자
국회도 옮기고 정부청사도 옮기고
국방부도 그곳에다 만들자
말도 안 될 망언을 늘어 놓으며
역사까지 마음대로 바꾼 사람들
아프리카 원주민도 웃을 일이야 기막힐 일이야
언제 언제까지나 영원 영원하도록
소중하게 지키자 우리 섬 독도는 한국 땅
야야야 야야야 야야야야야
야야야 야야야 야야야야야 독도는 한국땅
독도에다 거북선을 띄워 다시 한 번 충무공을 기리자
시비를 건다면 그냥 둘 수 없잖아
이젠 정말 진짜 진짜 못 참아
말도 안 될 억지를 늘어놓으며
지도까지 마음대로 바꾼 사람들
별 나라 외계인도 웃을 일이야 기막힐 일이야
넘볼 것을 넘봐라 탐낼 것을 탐내라
확실하게 지키자 우리 섬 독도는 한국 땅
말도 안 될 망언을 늘어 놓으며
역사까지 마음대로 바꾼 사람들
세살배기 어린애도 웃을 일이야 기막힐 일이야
언제 언제까지나 영원 영원하도록
소중하게 지키자 우리 섬 독도는 한국 땅
독도는 한국 땅 독도는 한국 땅 독도

14. 2006년(12월~1월) 앨범 및 가사

686

독도는 우리땅 1

아티스트: 김학도
장　　르: 가요
발 매 일: 2006.12.22.

687

독도는 우리땅 2

아티스트: 김학도
장　　르: 가요
발 매 일: 2006.12.22.

688

독도는 한국땅

아티스트: 소명
장　　르: 가요(트로트)
발 매 일: 2006.11.3.

독도에다가 수도를 옮겨 그곳에다 청와대를 세우자
국회도 옮기고 정부청사도 옮기고

국방부도 그곳에다 만들자
말도 안 될 망언을 늘어 놓으며
역사까지 마음대로 바꾼 사람들
아프리카 원주민도 웃을 일이야 기막힐 일이야
언제 언제까지나 영원 영원하도록
소중하게 지키자 우리 섬 독도는 한국 땅
야야야 야야야 야야야야야
야야야 야야야 야야야야야 독도는 한국땅
독도에다 거북선을 띄워 다시 한 번 충무공을 기리자
시비를 건다면 그냥 둘 수 없잖아
이젠 정말 진짜 진짜 못 참아
말도 안 될 억지를 늘어놓으며
지도까지 마음대로 바꾼 사람들
별 나라 외계인도 웃을 일이야 기막힐 일이야
넘볼 것을 넘봐라 탐낼 것을 탐내라
확실하게 지키자 우리 섬 독도는 한국 땅
말도 안 될 망언을 늘어 놓으며
역사까지 마음대로 바꾼 사람들
세살배기 어린애도 웃을 일이야 기막힐 일이야
언제 언제까지나 영원 영원하도록
소중하게 지키자 우리 섬 독도는 한국 땅
독도는 한국 땅 독도는 한국 땅 독도

689  독도는 우리땅

아티스트: Various Artists
장   르: 가요(댄스)
발 매 일: 2006.11.1.

690

독도는 우리땅

아티스트: Various Artists
장   르: 동요
발 매 일: 2006.10.31.

691

독도는 우리땅

아티스트: Various Artists
장   르: 동요
발 매 일: 2006.10.31.

692

독도는 우리땅

아티스트: Various Artists
장   르: 동요
발 매 일: 2006.10.24.

693

독도는 한국땅

아티스트: 소명
장   르: 가요
발 매 일: 2006.10.20.

말도 안되는 역사 왜곡
동북 공정 다케시마
수 많은 시간이 흘러도
진리는 변함 없고
독도는 한국 땅
야야야 야야야 야야야야야야
야야야 야야야 야야야야야야
독도는 한국 땅
독도에다가 수도를 옮겨
그 곳에다 청와대를 세우자
국회도 옮기고 정부청사도 옮기고
국방부도 그 곳에다 만들자
말도 안 될 망언을 늘어 놓으며
역사까지 마음대로 바꾼 사람들
아프리카 원주민도
웃을 일이야 기막힐 일이야
언제 언제까지나 영원 영원하도록

소중하게 지키자
우리 섬 독도는 한국 땅
야야야 야야야 야야야야야야
야야야 야야야 야야야야야야
독도는 한국땅
독도에다가 거북선을 띄워
다시 한 번 충무공을 기리자
시비를 건다면 그냥 둘 수 없잖아
이젠 정말 진짜 진짜 못 참아
말도 안 될 억지를 늘어놓으며
지도까지 마음대로 바꾼 사람들
별 나라 외계인도
웃을 일이야 기막힐 일이야
넘볼 것을 넘봐라 탐낼 것을 탐내라
확실하게 지키자
우리 섬 독도는 한국 땅

말도 안 될 망언을 늘어놓으며
역사까지 마음대로 바꾼 사람들
세살배기 어린애도
웃을 일이야 기막힐 일이야
언제 언제까지나 영원 영원하도록
소중하게 지키자
우리 섬 독도는 한국 땅
독도는 한국 땅 독도는 한국 땅 독도

694  **독도 대한민국의 땅**

아티스트: 더더
장   르: 가요
발 매 일: 2006.10.14.

잔잔한 파도가 일렁이네
고기잡는 어부의 노래와
넓다란 하늘 사이사이
자유로운 갈매기들의 날개짓
아름다운 이곳이
바로 독도라 이름지은
대한민국의 땅
많은 슬픔과 뼈에 박힌 서러움
지킬 힘이 없던
부끄러운 우리였지만
이젠 스스로 이겨내고 일어서야해
대한민국의 땅

거치른 바람이 불어오네
하나둘씩 고단한 날개 쉬는곳
넓다란 바다 한가운데

모진 바람 세월속에도 당당한
아름다운 이곳이
바로 독도라 이름지은 대한민국의 땅
많은 슬픔과 뼈에 박힌 서러움
지킬 힘이 없던
부끄러운 우리였지만
이젠 스스로 이겨내고 일어서야해
대한민국의 땅

아름다운 이곳이
바로 독도라 이름지은
대한민국의 땅
많은 슬픔과 뼈에 박힌 서러움
지킬 힘이 없던
부끄러운 우리였지만
이젠 스스로 이겨내고 일어서야해
대한민국의 땅
많은 슬픔과 뼈에 박힌 서러움
지킬 힘이 없던
부끄러운 우리였지만
이젠 스스로 이겨내고 일어서야해
대한민국의 땅

695  아름다운 독도

아티스트: 장복례
장   르: 가요
발 매 일: 2006.10.1.

태극기 펄럭이여 자랑스러운 조상이
물려준 우리의 땅 독도

언제나 즐거운 새들의 노래

대한민국 독도가 정말 좋대요
아, 아아 우리가 지켜줄 우리 땅 독도
끝없이 끝임없이 노래할께요

태극기 휘날리어 더 아름다운 겨레에
우뚝 선 우리의 땅 독도
언제나 정다운 파도의 노래
대한민국 독도가 정말 좋대요
아, 아아 우리가 지켜줄 우리땅 독도
끝없이 끝임없이 살아갈래요

696  독도는 우리땅

아티스트: Various Artists
장   르: 동요
발 매 일: 2006.9.1.

697  독도송

아티스트: 안지혜
장   르: 동요
발 매 일: 2006.8.14.

울릉도가 어디 있지 (경상북도)
독도는 어디 있지 (울릉도)
독도 독도 독도는 우리땅

아름다운 바위섬
독도 독도 독도가 일본에 있나(아니 아니)
독도는 한국에 있지(맞아 맞아)
독도 독도 독도는 우리땅

아름다운 바위섬
독도 독도 새들이 노래하면(노래하면)
파도가 따라한다(따라한다)
독도는 대한민국 우리 땅이라고
오늘도 힘차게 노래를 한다
독도는 내친구 독도는 우리땅
독도는 우리땅 우리땅 우리땅

698

독도는 우리땅

아티스트: DJ DOC
장   르: 가요
발 매 일: 2006.8.4.

699

신 독도는 우리땅

아티스트: 마법전설
장   르: 가요
발 매 일: 2006.8.2.

울릉도 동남쪽 뱃길 따라 이백리
더 이상 외롭지 않은 독도는 우리땅
일경 이경 삼경 수경

육지를 지키고
해군 공군 24시간
바다를 지킨다
사천팔백만 이천삼백만
남북의 연합군
최후의 한사람까지 일어나리라
우리땅은 우리땅 우리가 지킨다
완전 무장 정신 통일
근무중 이상무 아으아
대한민국 필승 코리아

성스러운 우리 영토
도꾸도와 강꼬구노 료오도테츠
도오까 도오까 우기지좀마
도오까 도오까 우기지좀마
울릉도 동남쪽
뱃길 따라 이백리
외로운 섬하나 새들의 고향
그 누가 아무리
자기네 땅이라고 우겨도
독도는 우리땅

나리팽이밥 민들레해국
꽃피는 오월
해삼 멍개 소라 전복
싱싱한 해산물
미래 에너지 불타는 얼음
거대한 매장량
메탄하이드
바다깊이 잠들어있네
고종칙령관보 4 1
독도는 우리땅
1 9 0 0 1 0월 2 4일
대한제국땅
연합군지령 6 7 7호
독도는 한국땅

더 이상 무슨 근거가 필요한가
독도는 한국땅 아으아
대한민국 필승 코리아
성스러운 우리 영토
도꾸도와 강꼬구노 료오도데츠
도오까 도오까 우기지좀마
도우까 도우까 우기지좀마
대한민국 필승 코리아
성스러운 우리 영토
도꾸도와 강꼬구노 료오도데츠
도오까 도오까 우기지좀마
도우까 도우까 우기지좀마
도우까 도우까 우기지좀마
짜라짜 짜짜짜짠 짠짠짠

700

Digital Single

독도는 내 운명

아티스트: 김용일
장   르: 가요
발 매 일: 2006.7.18.

이 세상에 단 한 가지 내 소원은
그대 바로 당신이에요
가슴 뛰는 소리와 따스한 숨결
당신의 전부를 가지고 싶어
나를 바라보는 눈을 사랑하오
나에게 말하는 입술을 사랑하오
그대의 뜨거운 가슴과 아름다운 영혼을
영원히 사랑하오
난 그대에게만 원하는게 있죠
그대 해맑은 미소와 같이 하는 삶

운명을 넘어 함께하는 영원의 시간을

난 기도할게요
난 그대에게만 주고 싶은게 있죠
나의 모든 미래와 꿈을

이 세상에 단한가지 내 소원은
그대 바로 당신이에요
가슴 뛰는 소리와 따스한 숨결
당신의 일부가 되고 싶어요
나를 스치는 손을 사랑하오
언제나 날 보는 그 모습을 사랑하오
그대가 나와 함께 존재한다는 사실을
영원히 사랑하오
난 그대에게만 원하는게 있죠
그대 해맑은 미소와 같이 하는 삶
운명을 넘어 함께하는 영원의 시간을
난 기도할게요
난 그대에게만 주고 싶은게 있죠
나의 모든 미래와 꿈을

난 그대에게만 주고 싶은게 있죠
나의 모든 미래와 꿈을
나는 당신 정말 사랑해요

701

독도는 우리땅

아티스트: Various Artists
장   르: 동요
발 매 일: 2006.7.3.

702  **독도는 우리땅**

아티스트: Various Artists
장　　르: 동요
발 매 일: 2006.6.19.

703  **내 사랑 독도야**

아티스트: Various Artists
장　　르: 가곡
발 매 일: 2006.6.1.

만년을 기다리며 억년을 울었다.
난 바다의 통곡을 삼키며 억년을 울었다.
까치 놀 일렁이며 핏발로 굳어진 생명
파란 물면이 까맣게 젖어 운다.
끊임없이 파도치는 검은 바람속에서도

의용열사들이 지켜온 삼형제 봉 삼형제 봉
잠시 일본국의 실없는 소리에 머리끝이 일어선다.
독도는 한국땅 독도는 한국땅 내 사랑 독도야

704

독도는 우리땅

아티스트: 이박사
장   르: 가요
발 매 일: 2006.5.23.

705

외롭지 않은 섬(독도)

아티스트: 안치환, 오지총
장   르: 가요
발 매 일: 2006.4.24.

이 땅 아침을 밝히는 섬이여
푸르른 바다위에 외로운 이름을 간직한
수천만 세월의 파도와 거센 바람을 이겨낸
우리와 닮은 작지만 강한 섬이여

그 소중한 꿈 간직한 사랑 그대로
우리의 핏줄이 닿아 있는 너
너를 위해 노래하리니
추한 욕심과 더러운 손이 닿지 않는 그날까지 언제나
너의 곁엔 우리가 있으니

더이상 너의 이름은 외로운 섬이 아니리
거짓없는 역사와 평화의 땅으로 다시 태어나
하나된 세상 가득한 커다란 꿈을 담아낼
우리가 이젠 너의 곁에서 너를 지켜주리라

작은 새들의 고단한 날개를
안아주는 섬이여 따듯한 사랑을 간직한
거대한 바다를 향한 꿈 펼칠 수 있게
아낌없이 내어준 내 부모를 닮은 섬이여

706  독도송

아티스트: 정소원

장   르: 동요

발 매 일: 2006.4.1.

울릉도가 어디 있지 (경상북도)
독도는 어디 있지 (울릉도)
독도 독도 독도는 우리땅
아름다운 바위섬
독도 독도 독도가 일본에 있나(아니 아니)
독도는 한국에 있지(맞아 맞아)
독도 독도 독도는 우리땅

아름다운 바위섬
독도 독도 새들이 노래하면(노래하면)
파도가 따라한다(따라한다)
독도는 대한민국 우리 땅이라고
오늘도 힘차게 노래를 한다
독도는 내친구 독도는 우리땅
독도는 우리땅 우리땅 우리땅

707

나의 사랑 독도야

아티스트: 임긍수
장　　르: 가요
발 매 일: 2006.4.1.

파도가 밀려오고 바람 불어 닥쳐도
조금도 흔들리지 않는
나의 사랑하는 작은 독도야
너는 나의 꿈과 사랑을 간직하고 있는
영원한 내 사랑이야
갈매기와 별들을 벗삼아 외로움을 달래고
그 자리에 우뚝 서 푸른 하늘 바라보며
너의 꿈을 펼치어라
나의 사랑하는 독도야

비바람 불어도 흔들리지 않는
나의 작은 사랑하는 독도야
내 모든 것을 사랑하노라

파도가 닥치고 갈매기 우는 섬
나의 작은 사랑하는 독도야
그 아름다운 네 모습이네

고독이 밀려오고 또 와도
언제나 그 자리에 우뚝 서
푸른 하늘 바라보면서 모든 꿈 펼치어라
아름다운 너의 모습 거기엔 사랑이 있네
그 모습 고이 간직하고
바다와 손잡고 미소짓네
비바람 불어도 흔들리지 않는
나의 작은 사랑하는 독도야
내 모든 것을 사랑하노라

708  **독도는 우리땅**

아티스트: Various Artists
장　　르: 동요
발 매 일: 2006.2.21.

709  **독도의 눈물**

아티스트: 안치행
장　　르: 가요
발 매 일: 2006.2.1.

우리는 보았네 그리고 들었네 독도를 사랑하는 뜨거운 열기
천지를 뒤흔드는 민족의 분노한 뿌리를 보았네
한 맺힌 삼 십 육년 어제 일만 같은데
또 다시 역사왜곡 독도의 눈물이었나
아 바람아 불어라 애국의 바람아 세차게 불어라
분노의 거친 파도여 왜적을 몰아내자 영원히
한 맺힌 삼 십 육년 어제 일만 같은데
또 다시 역사왜곡 독도의 눈물이었나
아 바람아 불어라 애국의 바람아 세차게 불어라
분노의 거친 파도여 왜적을 몰아내자 영원히
왜적을 몰아내자 영원히

710

독도사랑

아티스트: 나성웅
장   르: 가요(트로트)
발 매 일: 2006.1.1.

고향인가~타향인가~
그녀가 살고 있는 동해바다 독도에
갈매기가 날아드는 섬 아름다운
우리의 독도 그리움 달래가면서
정든님이 오시려나 손꼽아 기다려네
파도소리 내마음만 울려놓고 떠나가네

고향인가~타향인가~
그녀가 살고 있는 동해바다 독도에
갈매기가 날아드는 섬 아름다운
우리의 독도 그리움 달래가면서
정든님이 오시려나 손꼽아 기다려네
파도소리 내마음만 울려놓고 떠나가네
울려놓고 떠나가네~

711

독도의 꿈

아티스트: 성민
장   르: 가요
발 매 일: 2006.1.1.

동해바다 꿈을 찾아서 파도를 가르며

수평선 푸른 물보라 말없이 나를 부르네
파도위에 우뚝솟은 동해바다 아름다운 섬
카페리호에 몸을 싣고 꿈을 찾아 독도로 가네

잃어버린 꿈을 찾아서 파도를 헤치며
수평선 푸른 저 물결 저 멀리 가물거리네
갈매기가 날아드는 동해바다 우리의 독도
카페리호에 몸을 싣고 꿈을 찾아 독도로가네
꿈을 찾아 독도로 가네

712

독도아리랑

아티스트: Various Artists
장   르: 동요
발 매 일: 2006.1.1.

오 오오오 오 오오오 오오
오 오오오 오 오오오 오오
In our mind
푸른 바다가 있는 곳
we love
In our heart
우리 바람이 만나는 곳
we love
독도에 휘날리는 저 태극기를 봐
우리를 우리를 우리를 부르고 있어
찬란한 햇살을 품고 있는 섬
비 바람 맞으며 우릴 부르네
더 이상 외롭지 않게
파도에 몸을 담가

너에게로 달려갈게
독도가 일본 꺼 아니야 우리 꺼
우리땅 우리섬
our land our paradise
좋은 건 알아가지고
자기네 땅이라 우기네
정말 웃기네 웃기네
정말 억지네 억지네
독도에 휘날리는 저 태극기를 봐
우리를 우리를 우리를 부르고 있어
푸르른 하늘을 밝혀주는 섬
저 멀리 별들이 날아오른 섬
더 이상 외롭지 않게
파도에 몸을 담가
너에게로 달려갈게
소중한 것을
지키기 위한 수많은 날들
잊지 말고 다시 외쳐봐
찬란한 햇살을 품고 있는 섬
비 바람 맞으며 우릴 부르네
더 이상 외롭지 않게
파도에 몸을 담가
너에게로 달려갈게
오 오오오 오 오오오 오 오 야이야
오 오 오오오오 야
더 이상 외롭지 않게
파도에 몸을 담가
너에게로 달려갈게

713 해가 뜨는 우리 독도

아티스트: Various Artists

(신현득, 이문주)

장   르: 동요

발 매 일: 2006.1.1.

1. 동해바다 독도에서 아침해가 떠오르네
   삼천리 새 아침이 독도에서 활짝 열리네
   바다위에 우뚝 솟은 두개 봉우리
   독도 독도 우리 독도 해가 뜨는 우리 독도

2. 동해바다 독도에서 아침해가 떠오르네
   깃발이 나부끼네 물새떼가 훨훨 날으네
   우리나라 지켜주는 동해 파수꾼
   독도 독도 우리 독도 해가 뜨는 우리 독도

714 우리 섬 독도

아티스트: 이소영

장   르: 동요

발 매 일: 2006.1.1.

1. 동해 바다 먼-곳에 고개만 내밀고
   사시사철 해-돋이 구경만 하는 섬
   주워 키운- 애처럼 내버려 두어도
   꿋꿋하게 견디-는 우리 섬 독도

2. 누가 너를 꾀-어도 눈 크게 뜨면서

대한민국 섬-이오 날 꾀지 마시오
외로움도- 참으며 갈매기 벗 삼아
우리 동해 지키-는 막내 섬 독-도

15. 2005년(12월~1월) 앨범 및 가사

715      **독도는 우리땅**

아티스트: 정경관
장   르: 가요
발 매 일: 2005.12.21.

1,2,3,4 숫자는 불변에 질린거처럼 독도는 한국땅
말도안대는 억제란 니들에겐 1,2,3 날리고 싶은 1,2,3
잡구만 들이대지만 이침에도 한계가 있으니
허리띠 조르며 열심히들 사는데
번번이 왜 자꾸 속을 디집어
틈남면 독도를 빼으려하는데 더이상 못참아(못참아)
대한미국 땅이라 지도에서 없애고
심도 없다고 말을 해놓고
이제와 생각하는 뭐가 조금 아깝나 확실이 뻔뻔해
허리를 재봐도 우리가더 가까워
정신도좀 차리고 장난치지마
엣날에도 지글도 변함없는 사실은 독도는 한국땅

경상도 한 외국행 그것도 한 외국행다고 생각해 너는왜
한국민족 우리는 자부해자 그들에게 잡으려 고
마 섬줄께 섬으로 고 돌아가라
집으로 고 가라가라 니내 섬으로
주머니 돈으로 거짓을 가려도
알박한 그밑쳐는 결국에는 들어나

시배를 살아남는 할머님이 계신다 독도는 한국땅(한국땅)
우리나라 땅이라 우리들이 지키다
맘대로 법대도 들이대지마
어히없서 또다시 이노래를 부른다 똑똑히들어라(똑똑히들어)
허리띠 조르며 열심히들 사는데
번번히 자꾸 속을 디집어
옛날에도 지금도 변함없는 사실은 독도는 한국땅(한국땅)

716

독도는 우리땅

아티스트: Various Artists
　　　　　　　(신현득, 이문주)
장　　　르: 동요
발 매 일: 2005.12.12.

717

독도 사랑

아티스트: 나성웅
장　　　르: 가요
발 매 일: 2005.12.1.

고향인가~타향인가~
그녀가 살고 있는 동해바다 독도에
갈매기가 날아드는 섬 아름다운
우리의 독도 그리움 달래가면서
정든님이 오시려나 손꼽아 기다려네
파도소리 내마음만 울려놓고 떠나가네

고향인가~타향인가~
그녀가 살고 있는 동해바다 독도에
갈매기가 날아드는 섬 아름다운
우리의 독도 그리움 달래가면서
정든님이 오시려나 손꼽아 기다려네
파도소리 내마음만 울려놓고 떠나가네
울려놓고 떠나가네~

718
독도는 우리땅

아티스트: Various Artists
　　　　　　(신현득, 이문주)
장　　　르: 동요
발 매 일: 2005.11.14.

719
독도송

아티스트: 씨씨비
장　　　르: 동요
발 매 일: 2005.10.10.

720
독도는 섬이 아니야

아티스트: 신승엽
장　　　르: 가요
발 매 일: 2005.9.15.

모진 비 바람 고난의 시간을 이기고
우리땅 끝자락에 묵묵히 서 있는 너를 어리석게도 널 잊고 있었지
우리나라에 제일 먼저 해가 뜨는 곳
수억년 자연이 살고 있는 곳
이제야 너를 통해 알게 되었어
우리가 누구인지 독도는 섬이 아니야

단군 사직에 제단이다 문무왕의 두 뿔이다
독도는 섬이 아니야 충무공의 거북선이다
광개토왕의 성벽이다 최익현이다 안중근이다
윤봉길이다 유관순이다 이것이 독도다
갈매기여 날아라 파도야 춤 춰라 우리가 잊지 않게
소리없는 전쟁 속에 홀로 솟은 봉우리에 혼불이 타고 있구나

독도는 섬이 아니야 단군 사직에 제단이다
문무왕의 두 뿔이다 독도는 섬이 아니야
충무공의 거북선이다 광개토왕의 성벽이다
최익현이다 안중근이다 윤봉길이다 유관순이다
이것이 독도다
갈매기여 날아라 파도야 춤 춰라 우리가 잊지 않게
소리없는 전쟁 속에 홀로 솟은 봉우리에 혼불이 타고 있구나
갈매기여 날아라 파도야 춤 춰라 우리가 잊지 않게
소리없는 전쟁 속에 홀로 솟은 봉우리에 혼불이 타고 있구나

721

독도야

아티스트: 문현
장   르: 전통시조
발 매 일: 2005.7.4.

722  **독도는 우리땅**

아티스트: 마야
장   르: 가요
발 매 일: 2005.6.29.

723 **독도는 한국땅**

아티스트: 박정식
장   르: 가요
발 매 일: 2005.6.27.

바람찬 바위섬에 해가 지면은
누구를 기다리며 저 바다 지키느냐
비가 오면 서울도 오고 눈이 오면 평양도 오네
한국땅 한국땅 독도는 한국땅
울릉도 성인봉이 자장가 불러주며
삼십육년 원통의 뜻 그 세월을 돌려다오
바람찬 바위섬에 달이 뜨면은
누구를 기다리며 저 바다 지키느냐
바람 불면 포항도 오고 파도치면 문상도 오네
한국땅 한국땅 독도는 한국땅
울릉도 성인봉이 자장가 불러주며
삼십육년 원통의 뜻 그 세월을 돌려다오

독도는 우리땅

아티스트: Various Artists
장   르: 동요
발 매 일: 2005.6.20.

724

독도는 우리땅

아티스트: Various Artists
장   르: 동요
발 매 일: 2005.6.14.

725

독도야 말해다오

아티스트: 김안수
장   르: 가요
발 매 일: 2005.6.7.

726

수천만년 비바람에 시달리고 시달려도
끈질긴 우리민족 근성을 닮아 견디어 온 우리땅 독도
하늘이 다알고 땅이 다알고 역사가 다아는 천의 자원
독도가 일본땅이 무슨말
독도야 말해다오 독도야 말해다오 대한민국 땅이라고
대한민국 땅이라고

수천만년 망망대해 갈매기를 벗삼아도

끈끈한 우리민족 참성을 닮아 견디어요
우리땅 독도 하늘이 다알고 땅이 다알고 역사가 다아는
천의자원 독도가 일본땅이 무슨말 독도야 말해다오
독도야 말해다오 대한민국 땅이라고 대한민국 땅이라고

727

독도는 우리땅

아티스트: 박상철
장 르: 가요
발 매 일: 2005.6.1.

728

독도는 한국땅

아티스트: 박정식
장 르: 가요
발 매 일: 2005.6.1.

바람찬 바위섬에 해가 지면은
누구를 기다리며 저 바다 지키는냐
비가 오면 서울도 오고
눈이 오면 평양도 오네
한국땅 한국땅 독도는 한국땅
울릉도 성인봉이 자장가 불러주며
삼십육년 원통의 뜻 그 세월을 돌려다오

바람찬 바위섬에 달이 뜨면은
누구를 기다리며 저 바다 지키는냐
바람 불면 포항도 오고

파도 치면 문상도 오네
한국땅 한국땅 독도는 한국땅
울릉도 성인봉이 자장가 불러주며
삼십육년 원통의 뜻 그 세월을 돌려다오

729  독도로 날아간 호랑나비

아티스트: 김흥국
장　　르: 가요
발 매 일: 2005.5.16.

울릉도 동남쪽 뱃길따라 날아간 호랑나비 호랑나비 성난 호랑나비
왜 왜 독도로 날아갔을까 기회만 있으면 독도를 노려
조금만 틈을 주면 자기네 땅이라고 우겨
으아 정말 열받는구나 (대한민국) (대한민국)
호랑나비야 지켜라 아름다운 독도 지켜라
호랑나비야 외쳐라 동쪽에다 크게 외쳐라
독도는 우리땅 독도는 한국땅

울릉도 동남쪽 뱃길따라 날아간 호랑나비 호랑나비 성난 호랑나비
왜 왜 독도로 날아갔을까 기회만 있으면 독도를 노려
조금만 틈을 주면 자기네 땅이라고 우겨
으아 정말 열받는구나 (대한민국) (대한민국)
호랑나비야 지켜라 아름다운 독도 지켜라
호랑나비야 외쳐라 동쪽에다 크게 외쳐라
독도는 우리땅 (우리땅) 독도는 한국땅(한국땅)
대마도도 우리땅 우리땅

730

독도타령

아티스트: 허리수
장 르: 가요(트로트)
발 매 일: 2005.5.10.

731

독도는 우리의 친구

아티스트: 한지영(박용진)
장 르: 동요
발 매 일: 2005.5.9.

1. 아주 오랜 옛날부터 독도는 우리의 친구
   나의 조상 시절부터 독도는 우리의 친구
   하얀 갈매기 쉬어가는 곳 파도가 손짓하는 곳
   뭉개구름이 노래하는 곳 사랑이 꿈꾸는 곳
   외로워마 우리가 있어 소중한 우리 친구여
   언제까지 함께 할테야 겨레의 친구여
   우리의 사랑이 필요해요

2. 아주 작은 섬이지만 독도는 우리의 친구
   동해바다 끝이지만 독도는 우리의 친구
   바다 바람이 쉬어가는 곳 뱃고동 일렁이는 곳
   파란하늘이 미소 짓는 곳 사랑이 꿈꾸는 곳
   외로워마 우리가 있어 소중한 우리 친구여
   언제까지 함께 할테야 겨레의 친구여
   우리의 사랑이 필요해요

732 아이러브 독도

아티스트: 송희은
장   르: 가요
발 매 일: 2005.4.15.

동해의 푸른 바다 거친 파도가 춤 춘다
고래떼 헤엄치고 상어떼 노래한다
동해의 푸른 바다 뭉게구름이 두둥실
갈매기떼 날아가고 고깃배 지나간다

독도의 하늘높이 태극기가 아름다워
독도는 나의 꿈 독도를 사랑해
아-대한민국(대한민국)
아이러브 독도(아이러브 독도)
아름다운 섬(우리 땅) 아- 아이러브독도

짝짝짝짝짝 대한민국 짝짝짝짝짝
독도의 하늘높이 태극기가 아름다워
독도는 나의 꿈 독도를 사랑해
아-대한민국(대한민국)
아이러브 독도(아이러브 독도)
아름다운 섬(우리 땅) 아- 아이러브 독도

아-대한민국(대한민국)
아이러브 독도(아이러브 독도)
아름다운 섬(우리 땅) 아- 아이러브 독도

대!한!민!국!
아이러브 독도
아름다운 섬(우리 땅)
아- 아이러브독도-

733

독도는 한국땅

아티스트: 박정식
장   르: 가요(트로트)
발 매 일: 2005.4.10.

바람찬 바위섬에 해가 지면은 누구를 기다리며 저 바다 지키는냐
비가 오면 서울도 오고 눈이 오면 평양도 오네
한국땅 한국땅 독도는 한국땅
울릉도 성인봉이 자장가 불러주며 삼십육년 원통의 뜻 그 세월을
  돌려다오
바람찬 바위섬에 달이 뜨면은 누구를 기다리며 저 바다 지키는냐
바람 불면 포항도 오고 파도치면 문상도 오네
한국땅 한국땅 독도는 한국땅
울릉도 성인봉이 자장가 불러주며
삼십육년 원통의 뜻 그 세월을 돌려다오

734

독도 아리랑

아티스트: 815밴드
장   르: 가요(트로트)
발 매 일: 2005.4.8.

아리랑 아리랑 아라리요 아리랑 고개로 넘어간다
나를 버리고 가시는 님은 십리도 못가서 발병난다

아리랑 아리랑 아라리요 아리랑 고개로 넘어간다
나를 버리고 가시는 님은 십리도 못가서 발병난다
하나 둘 셋 넷

나를 버리고 가시는 님은 십리도 못가서 발병난다
아리랑 아리랑 아라리요 아리랑 고개로 넘어간다

735

독도는 우리땅

아티스트: 블랙 신드롬
장   르: 가요
발 매 일: 2005.4.1.

736

독도송

아티스트: 베베퀸
장   르: 동요
발 매 일: 2005.3.29.

니땅 내땅 우겨대긴 시러 사이좋게 지내라 엄마말하죠
하지만 이건 말도 안되요 독도는 우리땅 독도는 우리땅
어디한번 전화걸어볼까 고이즈미 한테 말해야지
독도는 yo!(요) Korea(코리아) 한국땅
너도 알고 나도 알고 세상이 다알아~ (맞아 맞아 맞아 맞아)
우기지마 제발 착한나라 그만 괴롭혀 당당하게 사실을 말하자.
독도는 Korea(코리아) 한국땅 니땅 내땅 우겨대긴 시러
사이좋게 지내라 엄마말하죠 하지만 이건말도 안되요
독도는 우리땅 독도는 우리땅 어디한번 전화걸어볼까
고이즈미 한테 말해야지 독도는 yo!(요) Korea(코리아) 한국땅
너도알고 나도 알고 세상이 다 알아~ 우기지마 제발
착한나라 그만 괴롭혀 당당하게 사실을 말하자
독도는 Korea(코리아) 한국땅~~

737

We Love 독도

아티스트: 박명수
장   르: 가요(발라드, 댄스)
발 매 일: 2005.3.29.

738

독도의 눈물

아티스트: Various Artists
            (김하리, 안치행)
장   르: 가요(발라드, 댄스)
발 매 일: 2005.3.25.

우리는 보았네 그리고 들었네
독도를 사랑하는 뜨거운 열기
천지를 뒤흔드는 민족의 분노
한 뿌리를 보았네
한 맺힌 삼 십 육년 어제 일만 같은데
또 다시 역사왜곡 독도의 눈물이었나

아 바람아 불어라
애국의 바람아 세차게 불어라
분노의 거친 파도여 왜적을 몰아내자 영원히
한 맺힌 삼 십 육년 어제 일만 같은데
또 다시 역사왜곡 독도의 눈물이었나

아 바람아 불어라
애국의 바람아 세차게 불어라
분노의 거친 파도여 왜적을 몰아내자 영원히
왜적을 몰아내자 영원히

739

독도는 우리땅

아티스트: 박세령
장　　　르: 동요
발 매 일: 2005.3.23.

740

독도아리랑

아티스트: Lee J
장　　　르: 가요
발 매 일: 2005.3.21.

우리 대한민국 만세 만세 내 한 몸바쳐 노래하네 하네
거친 파도와 비바람에 힘겹게 홀로 맞서 싸워 온
지난날에 아픔을 눈물을 이제는 함께 할께요
멀리 있어도 울지말아요 오랜시간 외로이 멀리 저멀리
조국을 바라보며 흘렸던 눈물이 슬픔이
차가운 비가 되어 한없이 흘러내려
작은 섬에 아팠던 상처에 과거에 지울 수 없는 한이 맺혀
대답해줘 제발 날 구해줘 오 내 꿈은 날개를 달고
가장 높은 곳에 우리 태극기를 꼽고 기도 수백번이고
독도는 우리의 역사 한 페이지에 왜놈들 지도엔
왜곡된 사실만이 많이도 시달렸지 종군 위안부
조선에 꽃다웠었던 소녀들을 성의 노예로
지금도 감당할 수 없을 만큼의 수치심으로 살아가시는
우리의 할머님들의 마지막 남은 눈물까지
제발 탐하지 않았으면 해
우리 대한민국 만세 만세 내 한 몸바쳐 노래하네 하네

거친 파도와 비바람에 힘겹게 홀로 맞서 싸워온
지난날에 아픔을 눈물을 이제는 함께 할께요
멀리 있어도 울지 말아요 강제수탈 강제징용 강제징병
마루타 생체실험까지 니네들이 지금까지
우리내 가슴속에 잔인하게 박아 논 말뚝은
세월이 지나도 녹슬지 않더라
변함없는 거만함으로 우릴 약올리더라
그쉬운 사과 한마디 없이 무시하더라
신사참배 총리의 만행 새파랗게 거짓말만 늘어댄 그 교과서에
영웅이된 일본인들 모두들 감추려 하지만
모든 진실은 비웃고 있었음을 내 터질것 같은 분노는
내게 주어진 마디수로는 다 할 수 없는걸
오늘 난 아득히 먼 시간을 거슬러 올라
조국을 위해 목숨을 다했던 순국선열을 위해 기도를 해
내 한 몸바쳐 노래하네 우리 대한민국 만세 만세
내 한 몸바쳐 노래하네 하네 거친 파도와 비바람에 힘겹게
홀로 맞서 싸워 온 지난날에 아픔을 눈물을 이제는 함께 할께요
멀리 있어도 울지말아요 우리 대한민국 만세
내 한 몸바쳐 노래하네 거친 파도와 비바람에
홀로 맞서 싸워 온 지난날에 아픔을 이제는 함께 할께요
멀리 있어도 울지말아요 아리랑 아리랑 아라리요
아리랑 고개로 넘어간다 나를 버리고 가시는 님은
십리도 못가서 발병난다 아리랑 아리랑 아라리요
아리랑 고개로 넘어간다 나를 버리고 가시는 님은

741

독도송

아티스트: 퍼니걸
장   르: 가요
발 매 일: 2005.3.21.

니땅 내땅 우겨대기 싫어
사이좋게 지내라 엄마 말하죠
하지만 이건 말도 안돼요
독도는 우리 땅 독도는 우리땅
어디한번 전화 걸어 볼까
고이즈미한테 말해야지
독도는 코리아 한국땅
너도 알고 나도 알고 세상이 알아
우기지마 착한나라 그만 괴롭혀
당당하게 사실을 말하자
독도는 코리아 한국땅

742

독도를 빛낸 베사마

아티스트: 베베퀸
장   르: 동요
발 매 일: 2005.3.21.

743

독도뉴스

아티스트: 베베퀸
장   르: 동요
발 매 일: 2005.3.21.

744

독도는 우리땅

아티스트: Various Artists
장   르: 동요
발 매 일: 2005.3.18.

745

홀짝권법으로 혼내줄거야

아티스트: 7공주
장   르: 동요
발 매 일: 2005.3.18.

울릉도 동남쪽 백길따라 이백리 그 곳은 우리땅 대한민국 땅
너희가 아무리 자기 땅이라고 우겨도 독도는 우리땅(우리땅)
역사도 없고 증거도 없고 아~~ 무엇도 없으면서 자꾸만 우기면
　안되지~~~~~
너희들 내 홀짝 권법으로 혼내 주꺼야 자 홀짝 홀짝 다 죽여버리
　겠다.
자꾸만 우기는 니내 정말 뿡뿡뿡 어설픈 억지는 제발 그만 즐~~~~
너희가 아무리 자기 땅이라고 우겨도 독도는 우리땅(우리땅) (2)

746

독도는 우리의 땅이다

아티스트: 우리나라

장   르: 락/메탈

발 매 일: 2005.3.17.

40년 이 땅을 약탈한 너희 섬나라 쪽바리들
여전히 한마디 사과도 하지 않은 채 또 이땅을 넘보느냐
아직도 가슴속 단단한 원한이 두 주먹 끝에 울고있어
이제는 어제의 우리가 아니다
침략의 무리 왜놈들아 독도는 우리의 땅이다
수천년 이어온 우리의 역사다
너희가 뭐라고 지껄여 댄대도 독도는 우리 우리의 땅
또 다시 대동아 공영을 꿈꾸는 전쟁에 미친 쪽바리야
한 번 붙을테면 그래 붙어보자
끝장을 내줄테다 쪽바리들아
백년전 이땅을 침략한 너희 섬나라 쪽바리들
여전히 너희를 따르는 친일파 후손들 그런 놈들 그리우냐
아직도 일장기 가슴에 품고 사는 얼빠진 놈들 있긴 있어
하지만 어제의 우리가 아니다
너희와 함께 싹 쓸어주마 독도는 우리의 땅이다
수천년 이어온 우리의 역사다
너희가 뭐라고 지껄여 댄대도 독도는 우리 우리의 땅
또다시 대동아 공영을 꿈꾸는 전쟁에 미친 쪽바리야
한번 붙을테면 그래 붙어보자 끝장을 내줄테다
독도는 우리의 땅이다. 수천년 이어온 우리의 역사다
너희가 뭐라고 지껄여 댄대도 독도는 우리 우리의 땅
또다시 대동아 공영을 꿈꾸는 전쟁에 미친 쪽바리야
한번 붙을테면 그래 붙어보자 끝장을 내줄테다
이 쪽바리들아 쪽바리들아 쪽바리들아 독도는 우리의 땅

747

정신차려! 독도는 우리땅이다

아티스트: 최성민
장   르: 가요
발 매 일: 2005.3.1.

독도야! 걱정하지마
오천년 역사가 너를 지킨다
말도 안되는 억지속에 국제재판 웬말이냐
생떼쓰지마 독도는 우리 땅인걸 알잖아
말도 안되지 억지쓰지마
역사가 알고 있거든 왜곡하지마 정신 좀 차려야지
역사공부 다시 해서 바로 알고
미안하면 대마도를 다시 돌려줘
독도는 영원한 한국의 영토야
독도야 걱정 하지마
오천년 역사가 너를 지킨다
말도 안되는 억지속에 국제재판 웬말이냐
생떼쓰지마 독도는 우리 땅인걸 알잖아
말도 안되지 억지쓰지마
역사가 알고 있거든
왜곡하지마 정신 좀 차려야지
역사공부 다시 해서 바로 알고
미안하면 대마도를 다시 돌려줘
독도는 영원한 한국의 영토야
역사공부 다시 해서 바로 알고
미안하면 대마도를 다시 돌려줘
독도는 영원한 한국의 영토야

748

독도는 우리땅

아티스트: 정광태
장   르: 가요(발라드)
발 매 일: 2005.3.1.

749

독도는 우리땅

아티스트: 유상록
장   르: 가요(발라드)
발 매 일: 2005.1.1.

750

독도송

아티스트: Various Artists
장   르: 동요
발 매 일: 2005.1.1.

독도는 우리땅 우리땅 우리땅
울릉도가 어디 있지 (경상북도)
독도는 어디 있지 (울릉도)
독도 독도 독도는 우리땅 아름다운 바위섬
독도 독도 독도가 일본에 있나(아니 아니)
독도는 한국에 있지(맞아 맞아)
독도 독도 독도는 우리땅 아름다운 바위섬

독도 독도 새들이 노래하면(노래하면)
파도가 따라한다(따라한다)
독도는 대한민국 우리 땅이라고
오늘도 힘차게 노래를 한다
독도는 내친구 독도는 우리땅
독도는 우리땅 우리땅 우리땅

16. 2004년(12월~1월) 앨범 및 가사

751  독도는 우리땅

아티스트: 마야

장   르: 가요

발 매 일: 2004.12.20.

울릉도 동남쪽 뱃길 따라
이백리 외로운
섬하나 새들의 고향
그 누가 아무리 자기네
땅이라고 우겨도 독도는 우리땅

경상북도 울릉군 울릉읍 독도리
동경 백삼십이 북위 삼십칠

평균기온 십이도 강수량은 천삼백 독도는 우리땅

rap) 홀로독 섬도 그저 지나가는 새들의
      고향인 섬도 누구의 땅이고 누구의
      소유고 따지는 것 조차도 웃기지만
      하와이는 왜 원자폭탄이 무섭더냐?
      이제와서 뭘 어쩌자는 거냐?
      너나 나나 목터져라 불러보면
      뭘하냐 똑같은 얘기로

오징어 꼴뚜기 대구 명태 거북이
연어알 물새알 해녀 대합실
십칠만 평방미터 우물 하나 분화구 독도는 우리땅

rap) 우리나라 역사실록 하면 세종실록
      독도하면 우리땅 지원 마야 rock'n roll
      하와이는 미국땅 대마도는 몰라도 독도는 우리땅

노일전쟁 직후에 임자없는
섬이라고 억지로 우기면 정말 곤란해
신라장군 이사부 지하에서 웃는다 독도는 우리땅

rap) 울릉도 동남쪽 뱃길따라 이백리 독도
      누가 또 우겨도 변함없는 우리의 독도 (독도)
      십칠만 평방미터 너희들의 역사가
      시작할때부터 (그전부터)
      우리 선조들과 새들의 삶 터 그런
      어거지는 이제 그만 내 뱉어

752

독도는 우리땅

아티스트: 어린이 합창
장   르: 동요
발 매 일: 2004.12.15.

753

독도의 눈물

아티스트: 안치행(김하리)
장   르: 가요
발 매 일: 2004.7.1.

우리는 보았네 그리고 들었네 독도를 사랑하는 뜨거운 열기
천지를 뒤흔드는 민족의 분노 한 뿌리를 보았네
한 맺힌 삼 십 육년 어제 일만 같은데
또 다시 역사왜곡 독도의 눈물이었나
아 바람아 불어라 애국의 바람아 세차게 불어라

분노의 거친 파도여 왜적을 몰아내자 영원히
한 맺힌 삼 십 육년 어제 일만 같은데
또 다시 역사왜곡 독도의 눈물이었나
아 바람아 불어라 애국의 바람아 세차게 불어라
분노의 거친 파도여 왜적을 몰아내자 영원히
왜적을 몰아내자 영원히

754

독도는 우리의 친구

아티스트: Various Artists
장   르: 동요
발 매 일: 2004.5.12.

아주 오랜 옛날부터 독도는 우리의 친구
나의 조상 시절부터 독도는 우리의 친구
하얀 갈매기 쉬어 가는 곳 파도가 손짓하는 곳

뭉게구름이 노래하는 곳 사랑이 꿈꾸는 곳

외로워 마, 우리가 있어 소중한 우리 친구여
언제까지 함께 할테야 겨레의 친구여.

아주 작은 섬이지만 독도는 우리의 친구
동해 바다 끝이지만 독도는 우리의 친구

바다 바람이 쉬어 가는 곳 뱃고동 일렁이는 곳
파란 하늘이 미소짓는 곳 사랑이 꿈꾸는 곳

외로워 마, 우리가 있어 소중한 우리 친구여
언제까지 함께 할테야 겨레의 친구여.
우리의 사랑이 필요해요

755 **독도는 우리땅**

아티스트: Various Artists

장   르: 동요

발 매 일: 2004.4.27.

17. 2003년(12월~1월) 앨범 및 가사

756

독도는 우리땅

아티스트: Various Artists
장　　르: 동요
발 매 일: 2003.11.19.

울릉도 동남쪽 뱃길 따라 200리 외로운 섬하나 새들의 고향
그 누가 아무리 자기네 땅이라고 우겨도 독도는 우리 땅
경상북도 울릉군 도동산64 동경132 북위37
평균기온 12도 강수량은 1300 독도는 우리 땅
오징어 꼴뚜기 대구 명태 거북이 연어알 물새알 해녀 대합실
17만 평방미터 우물하나 분화구 독도는 우리땅
지증왕 13년 섬나라 우산국 세종실록 지리지 50페이지 셋째줄
조어도는 중국땅 쿠릴열도 러시아 독도는 우리땅
러일전쟁 직후에 임자 없는 섬이라고 억지로 우기면 정말 곤란해
지하장군 이사부 지하에서 웃는다 독도는 우리 땅

757

독도는 우리땅

아티스트: Various Artists
장　　르: 동요
발 매 일: 2003.1.25.

18. 2002년(12월~1월) 앨범 및 가사

758

독도는 우리땅

아티스트: 김혜연

장　　르: 가요

발 매 일: 2002.10.

19. 2001년(12월~1월) 앨범 및 가사

759

독도는 우리땅입니까?

아티스트: Various Artists
장   르: 가요
발 매 일: 2001.5.3.

760

독도는 우리땅

아티스트: 정광태
장   르: 가요
발 매 일: 2001.4.13.

761

아름다운 독도

아티스트: 정광태
장   르: 가요
발 매 일: 2001.4.13.

나는 가리라 그 섬에 가리라
아침에 저 태양 떠오르는 거룩한 우리의 땅

애야 일어나라 너도 가자꾸나
한나리 꽃향기 흐르는 아름다운 독도로
너도 가고싶지 그 섬에 가고 싶지
가슴을 울리는 그 힘을 너도 느꼈구나
애야 일어나라 함께 가자꾸나
갈매기 친구 널 기다리는 아름다운 독도로

우린 가리라 그 섬에 가리라
거칠은 파도 날 막아도 끝까지 가리라
애야 일어나라 모두 가자꾸나
비바람 긴 세월 이겨낸 아름다운 독도로
애야 일어나라 모두 가자꾸나
비바람 긴 세월 이겨낸 아름다운 독도로
비바람 긴 세월 이겨낸 아름다운 독도로

762   **독도의 노래**

아티스트: Various Artists
장   르: 가곡
발 매 일: 2001.1.1.

기억하시나 바위 갈라지는 어둠속에서
불빛없이 견디던 날들
별은 더욱 푸르러 머리맡에 시린 성애가
온밤을 키고서 있었습니다.

외로움이 외로움을 끌어안고
불면으로 기다린 것이 꽃이 아니듯
서러움 아닌 것을 눈뜨면 바다에 빗금을 긋고 떠난 사람 이름도
　　적어봅니다.

눈물도 목말라 타오르던 물골 벼랑에
심연의 울렁임이 깃발을 내어겁니다.
내가 적는 것은 우리글 우리이름
약속없이 떠난 사람들 잊지마라
수만번 잎이 져도 잊지 않았다고 기억합니다.
갈매기의 울음으로 허기를 달래고
낡은 내의 속에 솟아 있던 절망이
춤이 되어 일렁이던 동해의 물결을
함께 부르던 그날의 그 노래를.

20. 2000년(12월~1월) 앨범 및 가사

763

독도는 우리땅

아티스트: DJ DOC
장   르: 가요
발 매 일: 2000.12.18.

울릉도 동남쪽 뱃길따라 200리 외로운 섬하나 새들의 고향
그 누가 아무리 자기네 땅이라고 우겨도 독도는 우리땅(우리땅)
경상북도 울릉군 남면도동 1번지 동경 132 북위 37
평균기온 12도 강수량은 1300 독도는 우리땅(우리땅)
지중왕 13년 섬나라 우산국 세종실록 지리지 50쪽에 셋째줄
조어도는 중국땅 쿠릴열도 러시아 독도는 우리땅(우리땅)
러일전쟁 직후에 임자 없는 섬이라고 억지로 우기면 정말 곤란해
신라장군 이사부 지하에서 웃는다 독도는 우리땅(우리땅)

갑자기 신말이 웬말이냐? 죽도 독도 왠말이냐?
독도는 영원히 독도지 근데 왜 왜 또 우기냐고 독도는 우리땅인거
    몰라?
단군 할아버지가 화내시면 니네들은 그냥 쫄아보고 있는걸
그러니까 이젠 우기지마!!
울릉도 동남쪽 뱃길따라 200리 외로운 섬하나 새들의 고향
그 누가 아무리 자기네 땅이라고 우겨도 독도는 우리땅(우리땅)
지중왕 13년 섬나라 우산국 세종실록 지리지 50쪽에 셋째줄
조어도는 중국땅 쿠릴열도 러시아 독도는 우리땅(우리땅)
독도는 우리땅(우리땅) 독도는 우리땅(우리땅)

764

독도는 우리땅

아티스트: 박혜진, 윤여선,
　　　　　 이경희, 윤여정
장　　　르: 동요
발 매 일: 2000.2.1.

765

독도는 우리땅

아티스트: 김혜연
장　　　르: 가요
발 매 일: 2000.1.1.

21. 1999년(12월~1월) 앨범 및 가사

766 독도는 우리땅

아티스트: 김성애
장   르: 가요
발 매 일: 1999.9.1.

767  **독도잠자리**

아티스트: 이연지(김논촌, 신진수)
장   르: 동요
발 매 일: 1999.5.1.

1. 외딴섬엔 없을 거라 생각했는데
   독도에도 잠자리는 살고 있더라.
   선녀처럼 신선처럼 살고 있더라.
   독도하늘 지키는 비행기 되어
   여기는 우리의 땅 우리 대한 땅
   외치며 외치면서 날고 있더라.

2. 연못도 강도 없는 바위섬인데
   그런데도 잠자리는 살고 있더라.
   용하게도 자리 잡고 살고 있더라.
   대한의 땅 대한겨레 한 식구 되어

그 누구도 우리의 땅 넘보지 마라.
외치며 외치면서 날고 있더라

768  **독도는 우리땅**

아티스트: 김봉자
장   르: 가요
발 매 일: 1999.3.20.

22. 1998년(12월~1월) 앨범 및 가사

769  **독도야 말해다오**

아티스트: 김안수(정은이, 남국인)
장   르: 가요
발 매 일: 1998.12.1.

수천만년 비바람에 시달리고 시달려도
끈질긴 우리민족 근성을 닮아 견디어 온 우리땅 독도
하늘이 다 알고 땅이 다 알고 역사가 다 아는 천의 자원
독도가 일본땅이 무슨말 독도야 말해다오 독도야 말해다오
대한민국 땅이라고 대한민국 땅이라고

수천만년 망망대해 갈매기를 벗삼아도
끈끈한 우리민족 참성을 닮아 견디어요
우리땅 독도 하늘이 다 알고 땅이 다알고 역사가 다 아는
천의자원 독도가 일본땅이 무슨 말 독도야 말해다오
독도야 말해다오 대한민국 땅이라고 대한민국 땅이라고

770

독도야 말해다오

아티스트: 박영수
장   르: 가요
발 매 일: 1998.3.1.

23. 1997년(12월~1월) 앨범 및 가사

771

독도는 우리땅

아티스트: 정광태
장　　르: 가요
발 매 일: 1997.8.1.

772

독도는 우리땅

아티스트: 김민주
장　　르: 가요
발 매 일: 1997.4.1.

773

독도는 우리땅

아티스트: 도희
장　　르: 가요
발 매 일: 1997.3.1.

774  독도는 우리땅

아티스트: 조정현
장   르: 가요
발 매 일: 1997.1.1.

24. 1996년(12월~1월) 앨범 및 가사

775

독도는 우리땅

아티스트: 쉼터
장   르: 가요
발 매 일: 1996.8.

776

독도는 우리땅

아티스트: DJ DOC
장   르: 가요
발 매 일: 1996.3.

777

독도야 독도야

아티스트: 김두조
장   르: 가요(트로트)
발 매 일: 1996.3.

778

독도는 우리땅

아티스트: 조영남, 김도향
장   르: 가요
발 매 일: 1996.2.6.

25. 1995년(12월~1월) 앨범 및 가사

779

독도는 우리땅

아티스트: 김혜연
장 르: 가요
발 매 일: 1995.5.1.

780

독도는 우리땅

아티스트: 정광태
장 르: 가요
발 매 일: 1994.

26. 1994년(12월~1월) 앨범 및 가사

781

독도는 우리땅

아티스트: 정광태
장   르: 가요
발 매 일: 1994.10.

782

독도는 우리땅

아티스트: 어린이 역사노래회
장   르: 동요
발 매 일: 1994.6.6.

783

대지의 항구, 독도 그리고 서울

아티스트: 블랙홀
장   르: 가요
발 매 일: 1994.5.31.

울릉도 동남쪽 뱃길 따라 200리

외로운 섬 하나 새들의 고향
그 누가 아무리 자기네 땅이라고 우겨도
독도는 우리 땅

세종실록 지리지 오십 페이지 셋째 줄
동경 132 북위 37
신라 장군 이사부 지하에서 웃는다
독도는 우리 땅 S E O U L S E O U L 럭키 서울

784  **독도는 우리땅**

아티스트: 김혜연
장　　르: 가요
발 매 일: 1994.5.15.

27. 1993년(12월~1월) 앨범 및 가사

785  독도는 우리땅

아티스트: 정광태
장   르: 가요
발 매 일: 1993.9.4.

786  독도는 우리땅

아티스트: 홍수철
장   르: 가요
발 매 일: 1993.5.18.

28. 1992년(12월~1월) 앨범 및 가사

787

독도는 우리땅

아티스트: 어린이 역사노래회
장   르: 동요
발 매 일: 1992.

29. 1991년(12월~1월) 앨범 및 가사

788
독도는 우리땅

아티스트: 조영남, 김도향
장   르: 가요
발 매 일: 1991.5.2.

789
독도는 우리땅

아티스트: 최영준
장   르: 가요
발 매 일: 1991.1.1.

790
독도는 우리땅

아티스트: 다섯동이
장   르: 동요
발 매 일: 1991.1.1.

30. 1990년(12월~1월) 앨범 및 가사

791

독도는 우리땅

아티스트: 이춘근
장   르: 가요
발 매 일: 1990.12.1.

792

독도는 우리땅

아티스트: 조영남, 김도향
장   르: 가요
발 매 일: 1990.12.1.

793

독도는 우리땅

아티스트: Various Artists
장   르: 동요
발 매 일: 1990.1.1.

794  독도는 우리땅

아티스트: Various Artists
장　　르: 동요
발 매 일: 1990.1.1.

795  독도는 우리땅

아티스트: Various Artists
장　　르: 가요
발 매 일: 1990.1.1.

796  독도는 우리땅

아티스트: 이춘근
장　　르: 가요
발 매 일: 1990.

31. 1980년대(12월~1월) 앨범 및 가사

797

독도는 우리땅

아티스트: 정광태
장　　르: 가요
발 매 일: 1985.6.5.

798

독도는 우리땅

아티스트: 조영남, 김도향
장　　르: 가요
발 매 일: 1984.3.15.

799

독도는 우리땅

아티스트: 조영남, 김도향
장　　르: 가요
발 매 일: 1983.12.15.

800  **독도는 우리땅**

아티스트: 정광태
장   르: 가요
발 매 일: 1982.6.30.

801  **독도**

아티스트: 정영택
장   르: 가요
발 매 일: 1980.3.22.

32. 1960년대(12월~1월) 및 기타년도 앨범 및 가사

802 **독도에레지**

아티스트: 박진하(황우루, 심성락)
장   르: 가요
발 매 일: 1968.3.13.

외로운 섬이라서 독도라더냐
그 이름 독도라서 외로운 섬이 되었지
쓸쓸히 홀로 솟는 돌 더미 섬아
무심한 갈매기 떼 슬피울고
아아 파도소리 서러워라 독도에레지
*비바람 몰아치고 눈보라 차가워도
굳굳한 얼을 담고 천만년을 참고 살았지
말 못할 이 사연을 그 누가 알아주나
새빨간 저녁노을 불타 오를때
아아 뱃고동 소리 서러워라 독도에레지

803

독도칠백리

아티스트: 두현두
장   르: 가요(트로트)
발 매 일:

칠백리 뱃길위에 동해바다 막내둥이
이름마저 외로운 섬 독도는 갈매기 고향
눈보라가 몰아쳐도 동백은 피고
비바람이 불어와도 물새가 알을 낳는
아... 여기는 누가 뭐래도 우리의 땅 우리의 독도

수평선 칠백리에 홀로 섯는 외로운 섬
언제 봐도 아름다운 독도는 물새의 고향
동해바다 외로움을 쓸어안고서
오고가는 연락선의 등대가 되어주는
아... 여기는 누가 뭐래도 우리의 땅 우리의 독도

찾아보기

곡목별

「우리의 독도, 아픈 사랑이여」(이미경 : 2019) 6.
「우리의 독도, 아픔의 사랑이여」(이미경 : 2015) 329.
「우리의 섬 독도」(깨비키즈 : 2018) 96.
「울릉이는 독도를 사랑해」(L : 2013) 564 ; (L : 2012) 582.
「원래 우리꺼잖아」(Various Artists : 2008) 653.

ㅈ

「정신차려! 독도는 우리땅이다」(최성민 : 2005) 747.
「제발 그만좀 해라」(Various Artists : 2008) 654.
「지키자 독도」(호야 : 2018) 44.

ㅋ

「코리아 독도」(장대성 : 2013) 557 ; (임희선 : 2011) 593.
「코리아 독도갈매기」(세현 : 2018) 64.

ㅎ

「하나님이 보우하사」(Various Artists : 2011) 607.
「해 돋는 섬 독도」(최정원 · 류승각 : 2009) 630.
「해가 뜨는 우리 독도」(홍경령 : 2010) 609 ; (Various Artists : 2008) 671,
　　(2006) 713.
「홀짝권법으로 혼내줄거야」(7공주 : 2005) 745.
「활활활」(김동희 : 2015) 341.

기타

「Do you know Dokdo」 ⇨ 「두유 노 독도」(소금과 후추 : 2010) 622 ; (서희
　　: 2008) 639.
「Island」(아나테붓리 : 2011) 597.
「Mr, Tak-독도문신」(타투네이션 : 2008) 648.
「We Love 독도」(박명수 : 2005) 737.

아티스트 · 음반사

ㄱ

ㅅ

Various Artists(「독도는 우리땅」 : 2019) 3~5, 10, ; (「독도는 우리땅」 : 2018) 27, 30, 36, 38, 41~43, 49, 51, 54~55, 57~59, 61~63, 65, 66, 71, 73~75, 77~81, 83, 85~88, 91, 93, 95, 97, 98, 100~102 ; (「독도는 우리땅」 : 2017) 103~106, 108, 111, 113~119, 124~130, 132~136, 138, 139, 141~ 144, 149, 150, 152~154, 156~162, 164, 167~174, 185~202 ; (「독도는 우리땅」 : 2016) 204~210, 213, 215~219, 221, 222, 224~230, 232, 233, 235~237, 240~260, 263~275, 277~279, 282~290, 292, 293, 296, 297, 299~306, 308~311, 313~317 ; (「독도는 우리땅」 : 2015) 318~324, 332~336, 338~340, 343~361, 363, 365~374, 378, 382~386, 388, 389, 391, 394, 398~401, 404~409, 412, 414, 415, 418, 422, 424, 425 ; (「독도는 우리땅」 : 2014) 429~441, 444, 445, 447, 451, 452~456, 458~465, 467, 468, 470~473, 475~477, 480~487, 489, 493, 495, 502~505, 507, 508, 512 ; (「독도는 우리땅」 : 2013) 517, 522~524, 527, 528, 531, 532, 534, 535, 538, 541, 549~551, 553, 554, 563 ; (「독도야 우리가 있잖아」 : 2013) 548 ; (「독도는 우리땅」 : 2012) 567~569, 580 ; (「독도는 우리땅」 : 2011) 595, 599, 600, 605 ; (「독도는 우리땅」 : 2010) 608, 610, 611, 613, 618, 620 ; (2009) 626 ; (2008) 645 ; (「우기지좀 마세요」 : 2008) 652 ; (「원래 우리꺼잖아」 : 2008) 653 ; (「제발 그만좀 해라」 : 2008) 654 ; (「독도는 우리땅」 : 2008) 661, 663, 664 ;(「해가 뜨는 우리 독도」 : 2008) 671 ; (「아름다운 독도」 : 2007) 681 ; (「독도는 우리땅」 : 2006) 689~692 ; (「독도는 우리땅」 : 2006) 696, 701, 702, 708 ; (「내 사랑 독도야」 : 2004) 703 ; (「독도아리랑」 : 2006) 712 ; (「해가 뜨는 우리 독도」 : 2006) 713 ; (「독도는 우리땅」 : 2005) 716, 718, 724, 725, 744 ; (「독도의 눈물」 : 2005) 738 ; (「독도송」 : 2005) 750 ; (「독도는 우리땅」 : 2004) 755 ; (「독도는 우리의 친구」 : 2004) 754 ; (「독도는 우리땅」 : 2003) 756, 757 ; (「아름다운 독도」 : 2001) 761 ; (「독도는 우리땅」 : 1990) 793~795.

편자 소개

■ 박정련

　　영남대 독도연구소 연구원 / 철학박사

　　저서 :『왕양명의 마음의 예술, 음악 그리고 음악교육론』(민속원, 2007),

　　　　『유학자의 마음으로 부르는 노래』(바른숲, 2011),

　　　　『국역 악서고존』(민속원, 2014) 등

　　논문 :「국악치유의 기반을 위한 동양학적 이론 근거 모색」(제1회 국립

　　　　국악원학술논문우수상(2012)),「陶山十二曲을 통해 본 退溪의

　　　　音樂觀」,「풍류도의 현대적 계승, '참 멋'의 인간관으로」등